Sebastian Michel
Gunnar Rossow (DVD)
mit Fotos von Björn Ulbrich

wild things

die outdoorküche 3

entschleunigt genießen im huf-schlag der pferde
das reise-gourmet-kochbuch

Arun

mehr Infos zu geplanten Projekten,
Outdoor-Genuss-Reisen (Tourbeschreibung, Termine, etc.),
Wildwasserkurse, Bildergalerie, Beamer-Vorträge, und vieles mehr:

arun-verlag-wildthings.blogspot.de

Entstanden in enger Zusammenarbeit mit

CARPATHIA
European Wilderness Reserve

Arun-Verlag, Engerda 28, D-07407 Uhlstädt-Kirchhasel,
Tel.: 036743-23314, Fax: 036743-23317
info@arun-verlag.de, www.arun-verlag.de, arun-verlag.blogspot.com
Fotos: Björn Ulbrich, Ingo Runge, Lauritz Neu, Helmut Kuffner, Daniel Ungureanu, B&C Promberger, Daniel Rosengren (S. 174, S. 175).
Vorwort: Björn Ulbrich.
Rezepte: Sebastian Michel.
Tagebuch: Björn Ulbrich (aus den Tagebüchern von Helmut Kuffner und Björn Ulbrich).
Umschlagmotiv: Björn Ulbrich.
Gesamtgestaltung: Arun-Verlag.
DVD-Kamera: Gunnar Rossow, Lauritz Neu.
DVD-Schnitt und Color Grading: Gunnar Rossow.
DVD-Visuals: Lauritz Neu.
DVD-Menü: Gunnar Rossow.
DVD-Sprecher: Lucas Thiem.
DVD-Musik: Konstantinos Kalogeropoulos.
DVD-Herstellung: digicon AG.
Gesamtherstellung: Jelgavas Tipografija, Jelgava, Lettland.

ISBN 978-3-86663-104-5

Inhaltsverzeichnis

Vorwort 9

Die Outdoor-Küche

Salat, Snack und Vorspeise

- Kopfsalat mit Eier-Tomaten-Schnittlauch Vinaigrette 13
- Wildkräutersalat mit Essigbeeren und Blüten 15
- Rote Bete Salat 17
- Schafskäse auf Spinat und Grapefruit 19
- Gefüllte Champignonköpfe 21
- Gebackener Ziegenkäse mit Schwarzen Nüssen und Spinat 23
- Omelett mit Wiesenkräutern, Kaschkawal und Speck 25
- Gebratener grüner Spargel mit Röstbrot und Scharfer Tunke 27
- Schäferfrühstück 29
- Lauwarmer Pilzsalat 31
- Pochierte Eier, Grüner Spargel, Toast und Chilihollandaise 33
- Roggenbrötchen, gefüllt mit Schafskäse, Walnuss, Tomate und Rucola 35
- Sauerteigfladen mit Kaschkawal, grünem Speck und Schalotten 37

Fisch

- Forelle mit Gurke und Dill auf Spinatsalat mit Granatapfel und Kartoffelrösti 41
- Orangenlax mit Kartoffel-Gurke-Salat 43

Suppe und Eintopf

- Linsen-Curry-Suppe mit Zucchinibrot 47
- Kartoffelcremesuppe 49
- Champignonsuppe mit Knoblauchcroutons und Frühlingslauch 51
- Tomatensuppe 53
- Zucchinisuppe 55
- Asiatische Geflügelsuppe 57

Pasta, Gemüse und Getreide

- Spaghettini mit Rucola, Kirschtomaten, roten Zwiebeln und Parmesan 61
- Gemüsepfanne mit Bratkartoffeln und Schafskäse 63
- Gefüllte Polentaknödel mit Mici und gepökeltem Lammfleisch 65
- Geschmorte Bohnen mit Speck, Spiegelei und Rosinen-Quark-Brötchen 67
- Krautkopf im Erdlochgrill 69
- Semmelknödel mit Rucola und Pilzrahm 71
- Grünkernrisotto mit Pilzen und Rote Bete-Sprossen 73
- Linsen-Falafel mit Auberginencreme 75
- Penne Putanesca – nach *Hurenart*, da brennt der Stamm 77
- Spinat-Tomaten Quiche 79
- Fusilli mit Tomaten, Walnuss und Gorgonzolabrocken 81

Fleisch

- Lammkeule, geschmort mit mediterranem Gemüse und Chilifritten 85
- Kokorec mit Krautsalat und mit Minze marinierten Zwiebeln 87
- Lammrücken mit Kartoffel-Safran-Stampf und Oliven 89
- Lammnavarin 91
- Karpatenleber, klassisch 93
- Lammrückenspieße an Zitronengras mit glasierten Vanille-Tomaten 95
- Lammcurry mit Basmatireis und Minzjoghurt 97
- Schweinekeule mit Süßkartoffeln und Wurzelgemüse 99
- Schweinekeule in Erdnusssauce mit Schokolade und Basmatireis 101
- Zitronenhuhn von der Grillmühle mit lauwarmem Couscous 103
- Schweinerollbraten von der Grillmühle mit Schmorkartoffeln 105

Nachspeise und Süßes

- Gegrillte Melone auf Joghurt mit Ahornsirup und Karamellnuss 109
- Melone mit Chiasamen, griechischem Joghurt und Weizenkleie 111
- Topfennocken mit Apfelkompott - 2in1 113
- Mohnschnecken 115
- Erdbeersüppchen mit Quarkmousse 117
- Beerenpancakes 119
- Quark-Orangen-Grießtaler an Pflaumenkompott 121
- Kirschgrütze mit Tonkabohnenschmand 123
- Milchreis mit Aprikosen 125
- Kokos-Grieß mit Chiasamen, Brombeercrunch und salzigem Nusskrokant 127
- Apfelpfannkuchen 129
- Cheesecake mit Aprikosenragout 131
- Beeren-Tiramisu 133
- Walnusskuchen mit Aprikose und Mascarpone 135
- Schokomousse mit Pfefferkirschen 137
- Schoko-Banane-Pecanuss-Brownie 139
- Apfeltarte 141
- Pfirsichtarte 143

- Buchteln mit Nuss-Nougat-Füllung 145
- Arme Ritter mit Brombeer-Frischkäse-Mascarpone Creme 147
- Aprikosen und Pfirsiche mit Joghurt und Hafercrunch 139

Die Tour

- Tour-Tagebuch 152
  Mit den Pferden durch Transsylvanien und mit dem Allrad ins Valea Vladului
- Die Crew 156

Anhang

- Danksagung an die Sponsoren 158
- Fundatia Conservation Carpathia, Cobor Farm und Equus Silvania 160

Der Film

- Hauptfilm (TV-PAL)
- Interview mit Christoph Prombeger/Fundatia Conservation Carpathia
- Bonus: Hauptfilm (FullHD) und Trailer *wild things 1* (Rogen/Schweden)

Alle Rezepte für 4 Personen. Nachkochen und Nachmachen auf eigenes Risiko. Koch und Verlag übernehmen keine Haftung für Brandblasen, Plattfüße, Durchfall und andere Misslichkeiten, die das Leben so bereithält.

Vorwort

Transsylvanien und die Karpaten – welche Bilder kommen da vor unser inneres Auge? Wolfsgeheul in Vollmondnächten und blutsaugende Vampire? Wir wollten es wissen, haben vier Pferde vor landestypische Holzkutschen geschirrt, sind losgezogen. Und haben ein Land gefunden, voll mit Eichenwäldern, frei umherziehenden Kuh-, Schafs- und Pferdeherden, freundlichen Menschen und einer Langsamkeit, die die Seele nährt. Da standen wir auf einem Hügel in Siebenbürgen, vor uns erstreckte sich ein malerisches Hügelland, in der Ferne erhoben sich die schneebedeckten Karpaten – und weit und breit kein Zaun. Kein Lärm. Pures Sein! Freiheit!

„Am besten wäre es, einen Holzpflock durch das Herz sämtlicher transsylvanischen Stereotypen zu treiben“, schreibt www.lonelyplanet.de und setzt Siebenbürgen auf Platz 1 derjenigen Top10-Regionen, die man in 2016 gesehen haben sollte.

So zogen wir tagelang mit dem Planwagen durchs Land, lagerten wo es uns gefiel und nährten Körper wie Seele mit den feinsten Sachen, die man am offenen Feuer zubereiten kann. Getreu dem *wild things*-Motto wurde wieder nur unter freiem Himmel gekocht: in der Muurikka am Lagerfeuer, im Erdlochgrill, über der Grillglut und im DutchOven! Alle Gerichte wurden authentisch vor Ort zubereitet und nach dem Fotografieren verzehrt. Nichts wurde geschönt, nichts getrickst, nichts Unechtes wird für Echtes ausgegeben. So sehen Sie, dass alles machbar ist und dass Sie das auf Ihrer eigenen Abenteuer-Reise genauso gut hinbekommen und nachkochen können.

Lassen Sie sich inspirieren von diesem Koch- und Reisebuch. Feiern Sie mit uns das Leben. Und möge uns jede Reise wirklich und authentisch bei uns selbst ankommen lassen.

Björn Ulbrich
und die *wild things*-Crew im Oktober 2015

salat, snack, +vorspeise

Eines Tages sah man die islamische Mystikerin
Rabia von Basra mit einem Eimer Wasser
in der einen Hand und einer Fackel
in der anderen Hand.
Als sie gefragt wurde,
was dies zu bedeuten habe, antwortete sie:
„Ich will Wasser in die Hölle giessen und
Feuer ans Paradies legen,
damit diese beiden Schleier verschwinden und
niemand mehr Gott aus Furcht vor der Hölle
oder in Hoffnung aufs Paradies anbete,
sondern nur noch um
der ewigen Schönheit willen."

Zutaten:

4 Kopfsalatherzen
2 Eier
1 Bund Schnittlauch
2 Tomaten oder 8-10 Kirschtomaten
1 Schalotte
1 EL Agavendicksaft
Salz und Pfeffer
100 ml Essig
100 ml Öl
1 TL Senf
3 Scheiben Toast
Etwas Öl zum Braten

Tipp:

Anstatt der Salatherzen können Sie auch auf Spinat, Rucola oder Eichblatt wechseln. Salatherzen eignen sich aber hervorragend für dieses Gericht, da sie durch ihre Struktur das Dressing sehr gut aufnehmen.

Kopfsalat
mit Eier-Tomaten-Schnittlauch Vinaigrette

Zubereitung:

Die Eier aufstellen und hartkochen. Die Schalotte schälen und fein würfeln. Die Tomate entkernen und in Würfel schneiden bzw. vierteln, wenn es Kirschtomaten sind. Den Schnittlauch in feine Ringe schneiden.
Den Senf mit den Agavendicksaft sowie etwas Salz und Pfeffer in eine Schüssel geben. Den Essig zugeben und mit einem Schneebesen verrühren. Das Öl in einem dünnen Strahl und unter ständigem Rühren zufügen. Es sollte eine dicke Konsistenz entstehen.
Die Eier würfeln und unter das Dressing rühren. Die Schnittlauchringe und Tomatenwürfel/-viertel zufügen und unterrühren. Nochmals abschmecken.
Den Toast würfeln und in Öl ausbacken. Auf einem Küchentuch abtropfen lassen.
Den Salat vierteln und auf einem Teller anrichten, reichlich Vinaigrette darüber geben, da die Blätter viel aufsaugen. Mit Croutons garnieren.

Zutaten:

500 g Wildkräutersalat
300 g gemischte Beeren
100 ml Apfelessig
1 Schalotte
Salz und Pfeffer
50 ml Öl
1 TL Senf
1 EL Agavendicksaft

Tipp:

Nehmen Sie für den Wildkräutersalat alles, was Ihnen in die Hände kommt. Wir hatten jungen Salat und Erbsensprossen aus dem Garten der Familie Promberger, dann kam noch Klee, Schafgarbe, wilder Thymian, junger Spinat und etwas wilde Rose dazu. Ein wahrhaft bunter wie nahrhafter Mix.

Wildkräutersalat mit Essigbeeren und Blüten

Zubereitung:

Die Schalotte schälen und fein würfeln. Die Beeren waschen und auf einem Küchenpapier trocknen.
Den Wildkräutersalat nach welken Blättern sortieren und gegebenenfalls waschen.
Den Senf mit dem Agavendicksaft und dem Essig in eine Schüssel geben, mit einem Schneebesen verrühren und das Öl langsam eingießen und mit den anderen Flüssigkeiten verrühren, bis es beginnt zu emulgieren. Die Schalotten zugeben und unterrühren. Die Beeren zufügen und vorsichtig unterheben.
Den Blattsalat mit ein wenig Vinaigrette marinieren und auf einem Teller anrichten, die Beeren lose um den Salat verteilen.

Zutaten:

4 rohe Rote Bete
1 Zwiebel
50 g Zucker
Salz und Pfeffer
Saft von einer Zitrone
3 EL Pflanzenöl

Tipp:

Wenn man den erdigen Geschmack der rohen Rote Bete nicht mag, kann man entweder gekochte Ware nehmen oder Gelbe Bete. Diese sind dann nicht so intensiv im Geschmack, sehen aber auf einem herzförmigen Stein auch sehr schön aus.

Rote Bete Salat

Zubereitung:

Die Rote Bete schälen und in feine Scheiben schneiden. Wenn man einen Hobel hat, dann bitte diesen benutzen.
Die Zwiebel schälen und in ganz feine Würfel schneiden.
Die Rote Bete mit den Zwiebeln mischen, Zucker, Salz und Pfeffer zugeben. Mit dem Zitronensaft begießen und alles leicht kneten, damit die Struktur der Roten Bete aufbricht.
20 Minuten ziehen lassen und nochmal abschmecken. Zum Schluss das Öl zugeben.

Zutaten:

300 g Schafskäse
100 g Maismehl
400 g Spinatsalat
100 g Kirschtomaten
2 EL Agavendicksaft
Essig
Olivenöl
2 Grapefruits

Tipp:

Ich verwende für Dressing und Vinaigrette gerne Agavendicksaft. Dieser ist süßer als Honig, aber flüssiger und lässt sich dadurch besser verarbeiten. Zudem ist er pflanzlicher Herkunft, was ihn interessant für die vegane Ernährung macht.

Schafskäse auf Spinat und Grapefruit

Zubereitung:

Den Schafskäse in Brocken teilen und in Maismehl wenden. In einer Pfanne goldgelb anbraten.
Die Kirschtomaten in einer Schüssel mit dem Olivenöl, etwas Essig, Salz und Pfeffer vermischen.
Die Grapefruit filetieren, den Saft auffangen. Aus dem Saft, Agavendicksaft und Öl eine Marinade herstellen.
Den Spinatsalat auf einem Teller anrichten. Die Grapefruit lose darum verteilen und mit der Marinade übergießen. Den Käse anlegen.

Zutaten:

3-4 frisch geerntete Champignons
1 rote Zwiebel
1 Knoblauchzehe
½ Zucchini
1 Chili
½ Aubergine
½ rote Paprika
½ gelbe Paprika
Parmesan oder Kaschkawal (rum. Hartkäse)
Salz und grober Pfeffer

Tipp:

Kaschkawal ist ein rumänischer Schafskäse, der dem italienischen Pecorino sehr ähnlich ist. Der Geschmack ist um einiges milder und man bekommt ihn sehr häufig direkt von einem Schäfer, wenn man nett fragt.

Gefüllte Champignonköpfe

Zubereitung:

Die Champignons vorsichtig putzen und den Stiel entfernen. Das Gemüse in kleine feine Würfel schneiden.
Den Champignon von innen gut würzen. Die Gemüsewürfel mit dem Käse mischen und in den Champignon füllen.
Den Champignonkopf so in Alufolie wickeln, dass die gefüllte Seite offen bleibt.
In die Glut legen und darin backen, bis der Käse geschmolzen ist.

Zutaten:

2 Ziegenkäse zu je 200 g
4 Schwarze Nüsse
(eingelegte unreife Walnüsse)
1 EL Senf
1 EL Agavendicksaft
50 ml Essig
50 ml Öl
1 kleine Schalotte
500 g Spinatsalat

Tipp:

Schwarze Nüsse sind grüne Walnüsse, die unreif geerntet und für mehrere Wochen in einem Sud aus Zucker, Wasser und Gewürzen eingelegt wurden. Dieser Sud bildet auch den Sirup, der durch das Einkochen gewonnen wird. Muss man eigentlich immer selbst machen, denn als Kaufware sind Schwarze Nüsse echt teuer ... aber eine echte Köstlichkeit.

Gebackener Ziegenkäse mit Schwarzen Nüssen und Spinat

Zubereitung:

Den Ziegenkäse halbieren und in einer Pfanne auf der Seite mit der Rinde langsam erwärmen.

Den Senf mit dem Agavendicksaft in eine Schüssel geben und den Essig zufügen, kräftig rühren bis sich alles aufgelöst hat. Das Öl in dünnem Strahl unter Rühren zufügen. Die fein geschnittenen Schalotten zugeben.

Der Käse sollte nun warm und etwas geschmolzen sein.

Die Nüsse fein schneiden, den Spinat im Dressing marinieren.

Den Salat mittig auf einem Teller anrichten, den Ziegenkäse darauf legen und mit den Nüssen ausgarnieren.

Zutaten:

10 Eier
100 ml Sahne
Wilder Thymian
Klee
Schafgarbe
Frühlingslauch
Petersilie
200 g Kaschkawal (rumänischer Hartkäse)
10 Scheiben Speck

Tipp:

Man kann die Hitze des Feuers besser nutzen, wenn man – wie auf dem Bild unten zu sehen –, einen Deckel über die Muurikka stülpt. So gart das Omelett gleichmäßiger.

Omelett mit Wiesenkräutern, Kaschkawal und Speck

Zubereitung:

Die Eier aufschlagen und mit der Sahne verquirlen, mit Salz und Pfeffer würzen.
Die Muurikka anheizen und den Speck auslassen. Den Käse reiben. Den Speck herausnehmen und warm stellen. Die Kräuter und den Käse unter die Eimischung geben und im ausgelassenen Fett backen.
Die Hitze regulieren, damit das Omelett nicht verbrennt. Mindestens einmal wenden und in Tortenstücke teilen.
Mit Speck auf einem Teller anrichten.

Zutaten:

500 g grüner Spargel
1 Zitrone
Olivenöl
Salz und Pfeffer aus der Mühle
Roggenbrot
Knoblauch

Tipp:

Für die Scharfe Tunke Zwiebel und Knoblauch schälen und in feine Streifen schneiden. Olivenöl erhitzen, die Zwiebeln mit den Chilis und dem Knoblauch anschwitzen.
Die Tomaten dazugeben und direkt salzen, Sternanis dazugeben.
Etwas Wasser zugeben und einkochen lassen bis eine dicke Konsistenz entsteht.
Diese Tunke passt zu vielen Gerichten und sorgt für eine pikante und kräftige Note.
Zutatenliste: Kirschtomaten, Rote Zwiebeln, Knoblauch, getrocknete Chili, Grüner Pfeffer, Olivenöl, Salz, Sternanis.

Gebratener grüner Spargel mit Röstbrot und Scharfer Tunke

Zubereitung:

Den Spargel säubern bzw. schälen. Zitrone reiben und halbieren.
In der Muurikka Öl erhitzen und den Spargel darin rundum anbraten.
Mit grobem Salz würzen, Zitronenabrieb darüber und mit Zitronensaft marinieren, groben Pfeffer dazu.
Dazu Brot anrösten und mit Knoblauch einreiben.
Mit Scharfer Tunke anrichten.

Zutaten:

6 Scheiben Speck
1 rote Zwiebel
1 Zucchini
1 Aubergine
4 gekochte Kartoffeln
1 Paprika
Etwas Chili
6 Eier
Etwas Sahne

Schäferfrühstück

Zubereitung:

Die Zwiebel schälen und in feine Streifen schneiden. Das Gemüse und die Kartoffeln in Scheiben schneiden.
Den Speck auslassen und darin erst die Zwiebeln anschwitzen und dann das Gemüse mit den Kartoffeln zugeben. Kurz anziehen.
Die Eier aufschlagen und mit etwas Sahne verquirlen, über das angebratene Gemüse geben und auf kleiner Flamme stocken lassen.
Etwas grobes Salz und frischen Pfeffer darüber mahlen.

Zutaten:

250 g Champignons, weiße und braune
100 g getrocknete Pilze
1 Zwiebel
50 ml Essig
4 EL Olivenöl
Zitronenabrieb
Salz
Zucker
Pfeffer
Frühlingslauch

Tipp:

Man kann hier ausschließlich getrocknete Pilze verwenden, muss diese aber recht lange einweichen. Auch die Garzeit der getrockneten Pilze ist etwas länger.

Lauwarmer Pilzsalat

Zubereitung:

Die getrockneten Pilze einweichen. Die Champignons vierteln, die Zwiebel schälen und in feine Würfel schneiden.
In einer Pfanne etwas Öl erhitzen. Die Champignons anbraten, Zwiebeln und eingeweichte Pilze zugeben und mit anschwitzen. Mit Zucker bestreuen und schmelzen lassen, mit Essig ablöschen und einkochen lassen. Mit Salz und Pfeffer abschmecken.
Die Pfanne vom Feuer nehmen und fein geschnittenen Frühlingslauch zugeben.
Alles nochmal durchschwenken.
Ein wenig Feldsalat, ein bisschen Radiccio ... fertig!

Zutaten:

8 Scheiben Toast
12 Scheiben Speck
8 Eier
100 ml Essig
Lorbeer
Wacholder
Salz
500 g Spargel
2 Eigelbe
200 g Butter
Zwiebeln
300 ml Weißwein
Pfefferkörner
Kerbel
Getrocknete Chili, gemörsert

Tipp:

Grüner Spargel eignet sich besonders gut zum Grillen und Braten. Sein Geschmack und seine Struktur werden durch die große Hitze nicht zerstört.

Pochierte Eier, Grüner Spargel, Toast und Chilihollandaise

Zubereitung:

Die Zwiebeln kleinschneiden und mit dem Weißwein, dem Pfeffer und dem Kerbel auf die Hälfte reduzieren. Die Butter schmelzen.
Einen Topf mit Wasser, dem Essig, Salz, Lorbeer und Wacholder zum Kochen bringen. Die Muurikka anheizen.
Die Eigelbe in einen Topf geben und mit der Reduktion aufgießen, bei gleichmäßiger Hitze aufschlagen, bis eine Bindung entsteht. Die Butter nun langsam (laaaangsam) zugeben und immer weiter schlagen. Mit Salz und Chiliflocken abschmecken.
Auf der Muurikka den Speck auslassen und den Toast rösten, im Fett den Spargel anbraten.
Nun die Eier aufschlagen und nach und nach ins kochende Wasser geben. Den Topf vom Feuer nehmen und 4 Minuten ziehen lassen.
Den Toast auf einen Teller geben, 3 Stangen Spargel darauf verteilen, ein pochiertes Ei aufsetzen und mit Hollandaise nappieren, mit 2 Scheiben Speck entveganisieren.

Zutaten:

1000 g Vollkornmehl
1 Würfel Hefe bzw. 2 Pack Trockenhefe
Etwas Salz
Wasser
Olivenöl
Schafskäse
Gehackte Walnüsse
Kirschtomaten
Rucola

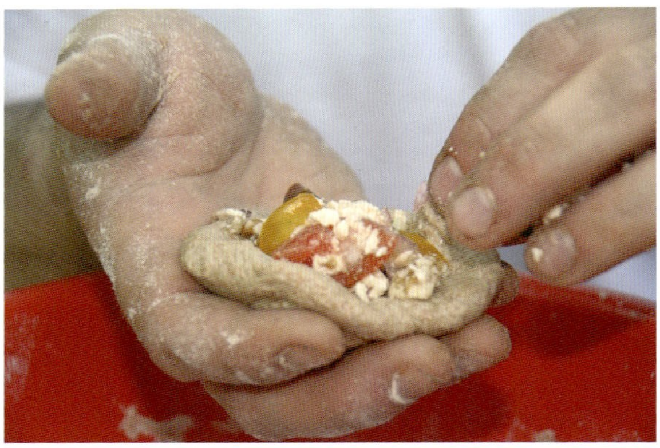

Roggenbrötchen, gefüllt mit Schafskäse, Walnuss, Tomate und Rucola

Zubereitung:

Aus dem Mehl, der Hefe, dem Wasser, Olivenöl und Salz einen Teig mischen. Über Nacht gehen lassen.
Aus Schafskäse, Tomaten, Walnüssen, Rucola, etwas Salz, Pfeffer und Ahornsirup eine Füllung mischen.
Den Teig aus der Schüssel nehmen, kneten und nochmals kurz gehen lassen.
Derweil die Muurikka anfeuern.
Wenn der Teig gegangen ist, eine Rolle formen, ca. 5 cm lange Stücke abstechen und platt drücken. Auf die Handfläche legen und mit der Schafskäsemasse so füllen, dass ein ca. 1 cm breiter Rand bleibt. Diesen Rand überlappend über die Masse legen und leicht festdrücken. Mit der zugedrückten Seite auf die Muurikka legen, damit die sofort verschließt. Darauf achten, dass nicht zu viel Hitze entsteht.
Unter mehrmaligem Wenden backen, bis der Teig ausgebacken ist.
Warm genießen.

Zutaten:

300 g Sauerteig
Kleine Stücke Kaschkawal (rum. Hartkäse)
Etwas Sauerrahm
2 Schalotten
4 Stück grüner Speck
Einige Scheiben Rote Bete

Sauerteigfladen mit Kaschkawal, grünem Speck und Schalotten

Zubereitung:

Den Sauerteig nach Packungsanleitung ansetzen und mit dem Mehl zu einem Teig verarbeiten. Nach der Ruhezeit aus dem Sauerteig handtellergroße Fladen formen. In die Mitte der Fladen einen Teelöffel Sauerrahm und einige Stücke Kaschkawal geben. Zu einer Tasche zusammenklappen und mit einer Gabel die Naht zusammendrücken.
Die Schalotten fein würfeln.
In einer Pfanne etwas vom Speck goldgelb auslassen und auf ein Tuch geben. In dem ausgelassenen Fett jetzt die Fladen ausbacken.
Die Fladen aufbrechen, auf 2-3 Scheiben Roter Bete legen, Speck sowie Schalotten dazugeben, und etwas Kaschkawal drüberstreuen.

fisch

*Der Mensch muss Erde unter den Sohlen haben,
sonst verdorrt sein Herz.*

Gertrud von Le Fort

Zutaten:

8 Forellenfilets, entgrätet und ohne Haut
2 Gurken
1 Schalotte
1 Limette
½ Bund Dill
3 EL Olivenöl
100 g Schmand
Salz und Pfeffer
1 Granatapfel
500 g Spinatsalat
400 g Kartoffeln

Tipp:

Gibt es eine Kühlmöglichkeit, kann man die Forellen auch am Abend vorher entgräten, denn das ist eine etwas *fuddelige* Arbeit. Danach die Filets leicht salzen, dann sind sie am nächsten Tag leichter zu schneiden.

Forelle mit Gurke und Dill auf Spinatsalat mit Granatapfel und Kartoffelrösti

Zubereitung:

Die Forelle fein würfeln – je feiner die Würfel umso besser das Endergebnis – und in eine Schüssel geben.
Die Gurke waschen und das Kerngehäuse der Gurke entfernen, in feine Würfel schneiden und zu der Forelle geben. Die Schalotte schälen und auch fein würfeln, ebenfalls zu den Gurken und der Forelle geben.
Alles mit Salz und Pfeffer abschmecken, Limettensaft und Abrieb der Limette zugeben, alles kräftig rühren. Den Dill und den Schmand zugeben, alles unterheben. Kühl stellen.
Die Kartoffeln reiben, Salz und Pfeffer zugeben, kurz stehen lassen und die austretende Flüssigkeit abschütten. In einer Pfanne mit heißem Öl kleine Kartoffeltaler ausbacken.
Den Granatapfel ringsherum anklopfen, halbieren und die Kerne auspuhlen.
Den Spinatsalat waschen und kurz vor dem Anrichten mit etwas Salz, Pfeffer und Limettensaft marinieren.
Den Spinatsalat auf den Teller geben, eine Nocke des Forellentatars abstechen und mittig anrichten. Die Kartoffeltaler anlegen.

Zutaten:

Für den Lachs:
2 Seiten Lachs
Salz
Dill
Pfeffer
Senf
Abrieb einer Orange
Saft einer halben Zitrone

Für den Kartoffelsalat:
800 g Kartoffeln
1 Salatgurke
1 Rote Zwiebel
Essig
Öl
Salz
Zucker
Senf

Orangenlax mit Kartoffel-Gurke-Salat

Zubereitung:

Kartoffeln aufsetzen und gar kochen.
Die Gräten ziehen und den Lachs halbieren, mit Salz, Dill, Orangenabrieb, Senf und Pfeffer einreiben und marinieren. Mit Zitronensaft beträufeln und 20 Minuten stehen lassen. Derweil die Holzbretter und die Holznägel vorbereiten.
Die Kartoffeln pellen und warm in Scheiben schneiden.
Den Lachs aufspießen und ans Feuer stellen.
Die Gurke schneiden, die Zwiebel würfeln und zu den Kartoffeln geben. Salz, Zucker und Pfeffer zugeben. Essig nach Geschmack dazu und durchmischen, bis Bindung entsteht. Etwas Öl dazu und nochmals mischen.
Den Lachs kontrollieren und gegebenenfalls um 180° drehen.
Den Kartoffelsalat abschmecken.
Den Lachs auf dem Brett lassen, Kartoffelsalat an der Seite anrichten und etwas Zitrone dazu.

suppe + eintopf

Denn früh belehrt ihn die Erfahrung, sobald er schrie, bekam er Nahrung.

Wilhelm Busch

Zutaten:

400 g Linsen
50 g Karotte
50 g Sellerie
50 g Lauch
50 g Zwiebel
Curry
Weißwein
Gemüsebrühe
Salz und Pfeffer
Sahne

Tipp:

Zucchinibrot passt am besten zu dieser Suppe. Das Mehl in eine Schüssel sieben und eine Kuhle in die Mitte drücken. Die Hefe hinein bröckeln und mit Wasser angießen. Alles verrühren und 15 Minuten gehen lassen.

Die Zucchini zum Teig geben, Curry und Salz nach Belieben zugeben. Alles durchkneten und an einem warmen Ort 30 Minuten gehen lassen.

Handballengroße Stücke abstechen und nochmals kurz gehen lassen.

Auf der Muurikka von beiden Seiten kräftig backen.

Zutatenliste: 1000 g Roggenmehl, 1 Würfel Hefe, 500 ml Wasser, Curry, 1 geriebene Zucchini, Salz.

Linsen-Curry-Suppe mit Zucchinibrot

Zubereitung:

Die Gemüse farblos in einem Topf anschwitzen, mit Curry bestäuben und mitschwitzen lassen. Die Linsen zugeben und kurz anschwitzen. Mit Weißwein ablöschen, kurz reduzieren lassen und mit Brühe angießen. Alles unter Rühren gut kochen lassen.
Wenn die Linsen beginnen zu zerfallen, immer weiter rühren. Sahne zugeben und kurz aufkochen lassen. Die Suppe sollte eine leichte Bindung haben.
Mit Salz und Pfeffer abschmecken.

Zutaten:

500 g Kartoffeln, mehlig kochend
1 Karotte
1 Zwiebel
1 Lauch
½ Sellerie
Weißwein
Thymian
Liebstöckel
Glatte Petersilie
Schmand

Kartoffelcremesuppe

Zubereitung:

Alles Gemüse und die Kartoffeln schälen. Alles in feine Würfel schneiden.
In einem Topf Öl erhitzen und darin zuerst die Zwiebeln anschwitzen, danach die restlichen Gemüse und die Kartoffeln zugeben.
Mit Weißwein ablöschen und reduzieren lassen.
Ungefähr ein Liter Wasser angießen und mit Salz, Pfeffer und etwas Muskat würzen.
Alles auf 3/4 reduzieren lassen. Die Sahne zugeben und nochmals aufkochen. Unter Rühren so lange kochen, bis es Bindung gibt.
Vom Feuer nehmen und die Kräuter zugeben.
In einer tiefen Schale anrichten und mit einem Löffel Schmand ausgarnieren.

Zutaten:

200 g Champignons
1 kleine Zwiebel
200 ml Weißwein
500 ml Wasser/Brühe
Salz
Pfeffer
500 ml Sahne
Toast
1 Knoblauchzehe
Öl
4 Zweige Thymian
100 g Butter

Tipp:

Wenn die Croutons gemacht werden, muss es schnell gehen und man hat nicht viel Zeit für anderes. Damit die Croutons nicht schwarz, sondern knusprig werden, darf das Öl nicht zu heiß sein. Da bedarf es eines guten Timings. Wichtig ist es, die Croutons in Bewegung zu halten. Die Butter gibt man erst ganz zum Schluss dazu, da sie nur aufschäumen muss.

Champignonsuppe mit Knoblauchcroutons und Frühlingslauch

Zubereitung:

Die Champignons und die Zwiebel würfeln, in einem Topf anschwitzen und leicht Farbe annehmen lassen. Mit Weißwein ablöschen und reduzieren lassen, mit Wasser bzw. Brühe aufgießen und zum Kochen bringen. Die Sahne zufügen und wieder reduzieren lassen.
Den Toast würfeln. In einer Pfanne Öl erhitzen, die Knoblauchzehe zerdrücken und in die Pfanne geben, die Toastwürfel zugeben und goldgelb rösten. Zum Schluss Butter und Thymian in die Pfanne geben und durchschwenken. Auf ein Küchenpapier geben und abtropfen lassen.
Die Suppe abschmecken und eventuell nochmals kurz reduzieren.
Den Frühlingslauch in feine Ringe schneiden.
Die Suppe in eine Schale geben, die Croutons und den Lauch drüberstreuen.

Zutaten:

2 Dosen Schältomaten (ca. 400 ml)
1 Zwiebel
1 Knoblauchzehe
Olivenöl
½ Chilischote
250 ml Rotwein
500 ml Brühe
Schmand zum Garnieren
Zwiebelsprossen

Tomatensuppe

Zubereitung:

Die Zwiebel würfeln und zusammen mit der Knoblauchzehe sowie der Chilischote in Olivenöl glasig anschwitzen. Mit Rotwein ablöschen und etwas reduzieren lassen.
Die Tomaten zugeben und aufkochen lassen. Die Brühe zugeben und aufkochen, dann auf die gewünschte Konsistenz reduzieren lassen und mit Salz und Pfeffer abschmecken.
Sollte (wie bei mir an diesem Tag) ein Pürierstab zur Hand sein, alles pürieren. Ansonsten kann man auch alles mit einem Kartoffelstampfer zerdrücken.
Nach Belieben Schmand oder Sahne zugeben und mit frischen Kräutern garnieren.

Zutaten:

1 Zwiebel
1 Knoblauchzehe
2 Zucchini
Pflanzenöl
3 Zweige Thymian
1 TL Curry
600 ml Brühe
300 ml Sahne

Zucchinisuppe

Zubereitung:

Die Zwiebel und den Knoblauch schälen und grob hacken. Die Zucchini waschen und in kleine Würfel schneiden.
Alles in einem Topf anschwitzen, mit Curry bestäuben, kurz mitschwitzen lassen. Mit Brühe angießen und köcheln lassen.
Sahne angießen und aufkochen. Mit dem Kartoffelstampfer eventuell zerdrücken. Thymian zugeben und mit Salz und Pfeffer abschmecken.

Zutaten:

4 Hähnchenschenkel
50 g Trockenpilze
2 Stangen Zitronengras
1 Knolle Ingwer
1 Zwiebel
1 Karotte
1 Fenchel
3 Chilischoten
100 g Soba Nudeln (Buchweizennudeln)

Tipp:

Sobanudeln sind Buchweizennudeln aus Asien. Sie eignen sich wunderbar für Suppen, da sie nicht so schnell durchweichen. Die Nudeln sind in Asien sehr beliebt, sie sind magenfreundlich und einfach in der Zubereitung.

Asiatische Geflügelsuppe

Zubereitung:

Die Hähnchenschenkel mit kaltem Wasser und Salz auf offenem Feuer ansetzen.
Die Trockenpilze direkt zu Beginn zugeben und mitköcheln lassen.
Wenn die Pilze aufgegangen und weich sind, die Karotten, die Zwiebel, das Zitronengras, die Chili und den Ingwer zugeben.
Alles aufkochen lassen und die Sobanudeln zugeben. Kurz nochmals aufkochen lassen und zur Seite ziehen.
Die Hähnchenschenkel herausnehmen, das Fleisch vom Knochen lösen und etwas zerrupfen.
Wieder in die Suppe geben.
Mit frischem Koriander servieren.

pasta, gemüse + getreide

Wir sind glücklich,
weil wir dankbar sind,
wir sind nicht dankbar,
weil wir glücklich sind.

David Steindl-Rast

Zutaten:

250 g Spaghettini Nr. 6
250 g Rucola
100 g Kirschtomaten
3 rote Zwiebeln
viel Parmesan
Olivenöl

Tipp:

Um nach einem langen Tag auf dem Pferdewagen schnell an Essen zu kommen, nimmt man Spaghettini Nr. 6. Die sind nicht so fein und zerkochen nicht so schnell, aber immer noch groß genug, damit man sie angenehm essen kann. Eine Kochzeit um die 5 Minuten ist optimal, so kann die Nudel noch nachziehen und genug Sauce aufnehmen.

Spaghettini mit Rucola, Kirschtomaten, roten Zwiebeln und Parmesan

Zubereitung:

Über einem Dreibein den Topf mit stark gesalzenem Wasser zum Kochen bringen.
Die Kirschtomaten halbieren, die Zwiebeln schälen und in feine Streifen schneiden, den Rucola waschen und halbieren, Parmesan reiben.
Die Spaghettini im Salzwasser etwas mehr als al dente kochen. Ca. 1 Liter Nudelwasser abnehmen, die Nudeln abschütten.
Die Nudeln zurück in den heißen Topf geben, die Tomaten und die Zwiebeln zugeben, Parmesan darüber und einen Schuss Wasser dazu. Alles verrühren, bis es Bindung gibt. Nochmals Wasser dazu und den Rucola unterrühren. Olivenöl zugeben und auf Tellern mit Parmesan anrichten.

Zutaten:

2 Paprika
2 rote Zwiebeln
1 Knoblauchzehe
1 Zucchini
1 Aubergine
Chili nach Belieben
3 Tomaten
2 EL Tomatenmark
300 ml Rotwein
Rosmarin
Thymian
500 g Kartoffeln
250 g Schafskäse

Tipp:

Achten Sie darauf, dass Tomatenmark gut mitzurösten. Es wechselt die Farbe von Rot zu Braun. Durch das Rösten verliert das Tomatenmark seine Säure und Sie bekommen eine leckere Sauce für Ihr Gemüse.

Gemüsepfanne
mit Bratkartoffeln und Schafskäse

Zubereitung:

Die Muurikka anheizen.
Alle Gemüse in gleichgroße Stücke schneiden, Zwiebeln schälen und achteln, den Knoblauch schälen und zerdrücken. Die Kartoffeln in 0,5 cm dicke Scheiben schneiden und salzen. Den Rosmarin und den Thymian hacken.
Den Rand der Muurikka mit den Kartoffelscheiben belegen. Immer wieder mal wenden. Vielleicht auch mal kurz in der Mitte richtig Kruste gewinnen lassen.
In der Mitte Öl erhitzen und das Gemüse anrösten, Zwiebeln und Knoblauch zugeben, mitschwitzen, salzen und pfeffern.
Tomaten kurz vor Schluss zugeben und das Tomatenmark kurz anrösten, mit Rotwein ablöschen.
Alles vom Feuer nehmen, die Kräuter zugeben und mischen.
Die Kartoffeln fächerförmig auf einem Teller anrichten, das Gemüse in die Mitte setzen und mit reichlich Schafskäse bestreuen.

Zutaten:

Polenta
Rumänischer Schafskuhkäse in Fichtendose
Gepökeltes Lammfleisch
Mici (Hackfleischwürste, ähnlich Cevapcici)

Gefüllte Polentaknödel mit Mici und gepökeltem Lammfleisch

Zubereitung:

Brânză de Burduf, die typische Mahlzeit der Karpatenschäfer, besteht aus riesigen Polentaknödeln, die mit Schafskäse gefüllt werden und Unmengen von Fleisch als Beilage. Oder umgekehrt. Die uns von einem Parkranger dargebotenen Polentaknödel hatten die Dimension von Honigmelonen und waren lecker, aber unbezwingbar. Wenn man sie kleiner macht, so wie Semmelknödel oder Klöße, und die Füllung noch ein bisschen würzt, dann kann man eine delikate Speise daraus machen. So oder so, braucht es aber zum Abschluss unbedingt einen kräftigen Absacker, sonst geht man in die Knie. Ein bis zwei Stunden Mittagsschlaf tun´s auch, wenn warme Sonnenstrahlen den Wanst streicheln.

Zutaten:

200 g eingeweichte Bohnen
200 g Kartoffeln
100 g brauner Zucker
3 Zwiebeln
Salz und Pfeffer
400 g geschälte Tomaten
1 L Wasser
4 Eier
Speck nach Belieben

Tipp:

Rosinen-Quark-Brötchen sind die perfekte Ergänzung zu den Baked Beans.
Das Mehl in eine Schüssel sieben und eine Vertiefung hineindrücken. Die Hefe in die Kuhle bröckeln und mit lauwarmer Milch angießen, mit etwas Mehl und Zucker verrühren und den Vorteig an einem warmen Ort ca. 15 Minuten gehen lassen.
Die Rosinen in der restlichen Milch einweichen.
Den Quark, den Zucker, die Rosinen und etwas Öl zum Mehl geben. Alles kräftig durchkneten. Nochmals 30 Minuten gehen lassen.
Auf der angeheizten Muurikka rundherum goldbraun backen.
Zutatenliste: 1 kg Roggenmehl, 300 g Rosinen, 200 ml Milch, 1 Würfel Hefe, 400 g Quark, 100 g Zucker, etwas Pflanzenöl.

Geschmorte Bohnen mit Speck, Spiegelei und Rosinen-Quark-Brötchen

Zubereitung:

Die Bohnen über Nacht einweichen, das Einweichwasser wegschütten.
In einem Topf Öl erhitzen, die Zwiebeln darin anschwitzen, die Bohnen zugeben. Kräftig durchrühren.
Zucker, Salz und Pfeffer zugeben und glasieren. Die geschälten Tomaten zufügen und mit Wasser aufgießen. Alles über großer Flamme kochen lassen.
Wenn ungefähr die Hälfte eingekocht ist, die Kartoffeln zugeben und so lange kochen, bis die Kartoffeln weich sind.
Auf der angeheizten Muurikka Speck auslassen und Spiegeleier backen.
In einem tiefen Teller anrichten.

Zutaten:

1 mittelgroßer Weißkrautkopf
Salz
Kümmel
Zucker
Saft von einer Zitrone
Butter oder Butterschmalz

Tipp:

Der Erdlochgrill

Zuerst ein leicht birnenförmiges Erdloch mit einem Durchmesser von 50-80 cm und einer Tiefe von 70-100 cm ausheben. Ganz unten steht eine mit Wasser oder Gewürzbrühe gefüllte Schale, darauf liegt ein Grillrost aus Stahl oder Zweigen. Das Grillgut wird auf diesen Rost gelegt. Dann wird das Erdloch oben mit einer flachen Eisenschale, einem Blech, einer großen Pfanne oder einer Murikka dicht verschlossen und ein Holzfeuer entzündet, welches man zu einem heißen Glutbett abbrennen lässt. Ca. 20 kg Feuerholz (je nach Art und Trocknungsgrad) sind nötig für ein erfolgreiches Erdlochgrillen, Grillbrickets eignen sich aber auch.

Krautkopf im Erdlochgrill

Zubereitung:

Den Krautkopf großzügig vom Strunk entfernen. Den Strunk nicht wegwerfen!
Den Kohlkopf so aushöhlen, dass ein ca. 2,5-3 cm breiter Rand verbleibt.
Das ausgehöhlte Kraut kleinschneiden, mit Salz, Kümmel, Zucker und Zitronensaft 12 Std. marinieren.
Danach in den Kohlkopf zurückfüllen. Den Kohlkopf aufrecht auf das Gitter setzen, mit kleinen Steinchen stabilisieren oder aus Alufolie einen Standring formen.
In den vorbereiteten Erdgrill geben und garen. Nach 3-4 Std. ist der Kohlkopf weich und saftig.
Wunderbar als Beilage oder als eigenständiges Gericht.

Zutaten:

Pilzmischung, getrocknet
200 g frische Champignons
1 Zwiebel
1 Knoblauchzehe
3 Zweige Thymian
500 ml Sahne
1 Bund Frühlingslauch
400 g altbackenes Brot/Brötchen
6 Eier
400 ml Milch
2 Bund Rucola
100 g Mehl

Tipp:

Filtern Sie das Einweichwasser der Pilze durch einen Kaffeefilter, denn in diesem Wasser sitzt ein Großteil des Geschmacks. Außerdem kann man dadurch Sahne sparen ... obwohl, naja, nach einer Bergtour kann man ruhig großzügig mit der Sahne sein.

Semmelknödel mit Rucola und Pilzrahm

Zubereitung:

Die Pilze einweichen. Die Zwiebel schälen und würfeln, die Champignons vierteln.
Einen großen Topf mit Wasser füllen, salzen und zum Kochen bringen.
Das Brot oder die Brötchen würfeln, mit Milch einweichen. 3 Eier trennen, die Eigelbe und die restlichen Eier zu der Brotmasse geben. Das Eiklar steif schlagen. Den Rucola waschen und grob schneiden.
Die Brotmasse vermischen, etwas Mehl zugeben. Würzen mit Salz und Pfeffer. Den Rucola zugeben. Circa 10 Minuten quellen lassen.
Die Pilze abschütten, aber das Wasser auffangen. Die Zwiebelwürfel mit der Knoblauchzehe in einem Topf glasig anschwitzen, die eingeweichten Pilze und die Champignons zugeben, Farbe nehmen lassen und mit dem Einweichwasser angießen. Kochen lassen und zur Hälfte reduzieren. Danach die Sahne und den Thymian zugeben. Leicht kochen lassen.
Unter die Knödelmasse den Eischnee ziehen und nochmals gut mischen. Nun mit einer Kelle oder einem Löffel abstechen und ins kochende Wasser geben. Zur Seite ziehen und die Knödel ziehen lassen, bis sie an der Wasseroberfläche schwimmen.
In eine Schale die Pilze geben und einen Knödel darauf setzen. Mit ein wenig Rucola grün und vitaminreich machen.

Zutaten:

500 g Grünkernschrot
500 g Gemüsebrühe
1 Zwiebel
1 Lorbeerblatt
250 g Pilze, gemischt
100 g Parmesan
100 g Rote Bete Sprossen
Salz
Pfeffer
Zucker
Saft einer halben Zitrone

Grünkernrisotto mit Pilzen und Rote Bete-Sprossen

Zubereitung:

Die Zwiebel würfeln, das Öl erhitzen und die Zwiebel darin glasig anschwitzen.
Den Grünkern zugeben und kurz mit anschwitzen, mit der Brühe ablöschen, aufkochen lassen und zugedeckt ziehen lassen.
Die Pilze putzen und mit Farbe anbraten, zum Risotto zugeben. Alles gut vermischen und mit Parmesan abbinden.
Die Sprossen mit Salz, Pfeffer, Zucker und Zitronensaft marinieren.
Zusammen mit dem Risotto anrichten.

Zutaten:

100 g eingeweichte rote Linsen
200 g Kichererbsen Mehl
200 ml Wasser
50 ml Olivenöl
Salz und Pfeffer
3 Auberginen
1 Zwiebel
50 ml Öl
1 Zweig Rosmarin
1 Zweig Thymian
2 Knoblauchzehen

Tipp:

Gerät der Bällchenteig zu trocken, hilft ein wenig Wasser, um ihn wieder geschmeidig zu bekommen. Für die Auberginencreme können auch Auberginen verwendet werden, die deutliche Transportspuren zeigen, man braucht ja nur das Innere.

Linsen-Falafel mit Auberginencreme

Zubereitung:

Das Mehl in eine Schüssel geben, mit Salz und Pfeffer mischen, die Linsen zugeben. Das Wasser und das Öl zugeben und alles zu einem geschmeidigen Teig verarbeiten. Quellen lassen.

Die Aubergine schälen und in Würfel schneiden. In einer Pfanne das Öl erhitzen. Die Würfel salzen und mit Farbe anbraten. Die Zwiebeln zugeben und mit anschwitzen. Etwas Wasser angießen und köcheln lassen, bis die Auberginen zerfallen. Rosmarin und Thymian hacken.

Die Auberginen vom Feuer nehmen und zu einem Mus verarbeiten. Mit den Kräutern mischen.

Den Falafelteig zu gleichgroßen Bällchen formen und in Öl goldgelb ausbacken.

Die warmen Falafel auf dem Auberginencreme anrichten.

Zutaten:

750 g Penne Rohware
1 Zucchini
1 Aubergine
2 Paprika
1 Zwiebel
2 Zehen Knoblauch
3 große Tomaten
200 g Speck
10 kleine getrocknete Chilischoten
100 ml Rotwein

Penne Putanesca – nach *Hurenart*, da brennt der Stamm

Zubereitung:

Die Penne in reichlich Salzwasser al dente kochen.
Das Gemüse in daumennagelgroße Stücke schneiden, die Zwiebel in Streifen schneiden, den Speck grob würfeln, den Knoblauch fein schneiden, die Tomaten grob würfeln.
Den Speck auslassen, das Gemüse und die Zwiebeln samt Knoblauch in der Muurikka anbraten. Die Chilis zugeben und dünsten. Die Tomaten zugeben und schmelzen lassen.
Die Penne aus dem kochenden Wasser direkt in die Muurikka geben und vermengen, mit Parmesan bestreuen und dadurch binden. Falls nötig, etwas Nudelwasser zugeben.

Zutaten:

1000 g Mehl
400 g kalte Butter klein geschnitten
4 TL Salz
1 Ei
400 ml Wasser
2 Ochsenherztomaten
100 g Feta o. Kaschkawal (rum. Hartkäse)
100 g Frischer Spinat
4 Eigelbe
100 ml Sahne
Salz und Pfeffer

Spinat-Tomaten Quiche

Zubereitung:

Aus dem Mehl, der Butter, dem Salz sowie dem Ei und dem Wasser einen Teig kneten. Den Teig ca. 1 Std. ruhen lassen. Unterdessen die Muurikka anheizen und auf der Feuerschale glühende Kohle verteilen.
Nach der Ruhezeit eine Form einfetten und mit dem Teig auskleiden.
Den Feta kleinschneiden und auf den Teig geben, die Tomaten in dünne Scheiben schneiden und auf den Feta geben, den Spinat darauf verteilen. Das Eigelb und die Sahne vermischen, abschmecken und auf die Quiche geben.
Die Kohle auseinanderziehen und eine Fläche in der Größe der Backform frei machen. Die Form auf die Muurikka setzen und abdecken. Das Feuer unter der Muurikka kontrollieren und nicht zu groß werden lassen. Die Quiche ungefähr 30 Minuten backen und danach kontrollieren. Wenn das Ei gestockt ist, ist die Quiche fertig.

Zutaten:

500 g Fusilli
Salz
100 g Butter
Etwas Olivenöl
1 Zwiebel
1 Knoblauchzehe
100 g Walnüsse
200 g Kirschtomaten
200 g Gorgonzola
400 ml Sahne
Petersilie oder Rucola zum Garnieren

Tipp:

Die Tomaten werden in einer kleinen Pfanne konfiert. Dafür geben Sie etwa einen Fingerbreit Öl in die Pfanne, jetzt Salz, Pfeffer, Rosmarin, Thymian und Knoblauch dazu. Die Tomaten werden kreuzweise eingeritzt. Alles zusammen samt Pfanne kommt auf ein kleines Feuer und langsam mit Geduld konfieren die Tomaten in dem Öl.

Fusilli mit Tomaten, Walnuss und Gorgonzolabrocken

Zubereitung:

Die Fusilli in reichlich Salzwasser al dente kochen.
Die Zwiebel und den Knoblauch fein würfeln, die Walnüsse anrösten und zur Seite stellen.
In einer großen Pfanne die Zwiebeln und den Knoblauch glasig anschwitzen, mit Butter aufschäumen. Die Sahne zugeben und etwas reduzieren lassen.
Die Fusilli samt den Tomaten zugeben, durchschwenken und gegebenenfalls etwas Nudelwasser zugeben. Den Gorgonzola zerbrechen und zugeben.
Mit geschnittener Petersilie oder Rucola abschließen.

fleisch

Die Männer sind Bestien.
Darum ist es höchst wichtig, die Kerle gut zu füttern.

Oscar Wilde

Zutaten:

2 Lammkeulen,
vom Oberschenkelknochen befreit
2 Karotten
4 Zwiebeln
1 Sellerie
4 Zehen Knoblauch
4 Zweige Rosmarin
6 Zweige Thymian
Rotwein

8 große Kartoffeln
Grobes Salz
Kleine Chilis
Öl zum Frittieren

3 Paprika
1 Aubergine
1 Zucchini

Lammkeule, geschmort mit mediterranem Gemüse und Chilifritten

Zubereitung:

Die Lammkeule kräftig würzen und rundherum grillen, den Dutch Oven anheizen, Öl darin erhitzen und erst die Karotten mit Farbe anschwitzen, danach den Sellerie und zum Schluss die Zwiebeln und den Knoblauch, mit Rotwein 2-3 mal ablöschen und reduzieren lassen.
Die Lammkeulen auf den Bratansatz legen, Rosmarin und Thymian zugeben und mit Wasser angießen, bis die Keulen leicht bedeckt sind. Salz und Pfeffer zugeben. Den Dutch Oven abdecken und auf dem Feuer lassen. Mindestens 45 Min köcheln lassen und das erste Mal kontrollieren. Am besten mit einer Fleischgabel. Wenn die Keule an der Gabel bleibt, braucht es noch. Rutscht die Keule ohne Probleme runter, ist es fertig.
Die Muurikka anheizen.
Die Kartoffeln waschen und in ca. 0,5 cm dicke Scheiben schneiden. Durchwaschen, bis etwas Stärke ausgewaschen wurde. Gut abtrocknen.
Öl in die Muurikka geben und die Kartoffelscheiben darin goldbraun ausfrittieren. Mit Salz und Chili würzen.
Die Paprika, Aubergine und Zucchini mit Öl, Salz, Pfeffer und etwas Zitronensaft marinieren. Auf der Muurikka anbraten.
Das Fleisch aus dem Dutch Oven nehmen und die Sauce weiter kräftig einkochen lassen. Die Keule mit zwei Löffeln auseinanderreißen und auf einem Teller mittig anrichten, Gemüse und Chilifritten rundherum anlegen. Mit Sauce übergießen und mit frischen Kräutern vollenden.

Zutaten:

Vom Lamm:
Darm
Leber
Milz
Nieren
Filets
Herz
Öl
Curry
Salz und Pfeffer
Knoblauch
Kreuzkümmel

1 Spitzkohl
1 TL Kümmel
100 ml Essig
Öl
Petersilie nach Belieben
Minze nach Belieben
2 rote Zwiebeln

Tipp:

Kokorec, (gesprochen: Kokoretsch), ist eine türkische (Mitternachts-)Spezialität. Es gibt viele Varianten, aber immer braucht man Fett, Innereien vom Lamm, Darm und orientalische Gewürze, vor allem Kreuzkümmel. In Izmir serviert man es klein geschnitten im Brotfladen, in Istanbul mischt man Tomaten, rohe Zwiebeln und Petersilie dazu. Um´s zu verdauen, trinkt der Türke Salgam, ein scharfes säuerliches Gebräu aus vergorenem Bulgur, Steckrübe, Karotte und Rote Bete.
Wir haben eine deutsche Variante gemacht: aufgespiesst, gegrillt, von Kraut begleitet und mit Wodka nachgespült.

Kokorec mit Krautsalat und mit Minze marinierten Zwiebeln

Zubereitung:

Ungefähr 20 Holzspieße von 15 cm Länge in kaltem Wasser einweichen. Das verhindert das Verbrennen auf dem Grill.
Den Lammdarm ordentlich mit kaltem Wasser ausspülen. 2-3mal wiederholen.
Alle Innereien in möglichst gleichmäßige Stücke schneiden. Ebenso die Filets.
Aus dem Öl, Curry, Salz, Pfeffer und Knoblauch eine Marinade mischen. Die Innereien und Fleischstücke darin marinieren.
Das Kraut hobeln oder fein schneiden, mit Salz, Zucker, Öl, Essig und Kümmel marinieren. Ordentlich durchkneten, um die Struktur des Kohls aufzubrechen. Zwiebeln und Minze ebenso in feine Streifen schneiden.
In abwechselnder Folge Fleisch und Innereien auf einen Spieß stecken, mit dem Lammdarm umwickeln und auf einem Teller bereitlegen.
Die Spieße auf einem Grill rundherum schön knusprig grillen.
Den Krautsalat in der Mitte eines Tellers anrichten, die gegrillten Spieße aufsetzen und mit Minze und Zwiebeln ausgarnieren.

Zutaten:

1 Lammsattel
Rosmarin
Thymian
Senf
Salz
Pfeffer
Knoblauch

500 g geschälte Kartoffeln
(mehlig kochend)
1 g Safran
Salz
100 g Schwarze Oliven ohne Stein
Thymian
Olivenöl (am besten von Moria Elea)

1 Paprika
1 Zucchini
1 Aubergine
2 rote Zwiebeln

Lammrücken mit Kartoffel-Safran-Stampf und Oliven

Zubereitung:

Den Lammsattel parieren und am Rückgrat bis zum Rippenansatz einschneiden. Mit Salz und Pfeffer würzen. Ein wenig mit Senf einreiben und die Kräuter in die Tasche legen.
Die Muurikka anheizen.
Die Kartoffeln in walnussgroße Stücke schneiden, und zusammen mit Salz und Safran in einen Topf geben. Mit Wasser angießen, bis die Kartoffeln bedeckt sind. Aufs Feuer setzen und kochen lassen. Das Gemüse putzen und in grobe Stücke schneiden.
Den Lammrücken auf der Muurikka rundherum anbraten. Auf die Rippen setzen und mit Alufolie bedeckt weiter garen.
Das Gemüse und die Zwiebeln scharf anbraten, dann in die Zone mit wenig Hitze schieben.
Den Lammrücken kontrollieren und gegebenenfalls die Hitze regulieren.
Die Kartoffeln mit einem Stampfer grob durchstampfen, so dass noch einige Stücke ganz bleiben. Die Oliven und den gehackten Thymian zugeben und durchrühren. Olivenöl nach Belieben und Geschmack unterrühren.
Den Lammrücken von der Muurikka nehmen und die Rücken vom Knochen lösen. In gleich große Stücke schneiden.
Den Stampf mittig in einen Teller geben, etwas Gemüse rundherum und das Fleisch auf den Stampf setzen.

Zutaten:

2 Lammschultern und Haxen
2 Karotten
1 Sellerie
3 Knoblauchzehen
5 Zwiebeln
4 Kartoffeln
100 g Oliven, entsteint
500 ml Rotwein
2 EL Tomatenmark
Lorbeer
Grüner Pfeffer
Rosmarin
Thymian

Lammnavarin

Zubereitung:

Die Schultern und die Haxen auslösen. Die Knochen aufheben. Das Fleisch in 5x5 cm große Stücke schneiden.
Das Gemüse putzen und in Dreiecke schneiden. Den Knoblauch zerdrücken, die Zwiebeln in Würfel schneiden. Die Kartoffeln in 4 x4 cm große Stücke schneiden.
Im Dutch Oven Öl erhitzen. Das Fleisch in heißem Öl mit Farbe anbraten, aus dem Dutch Oven nehmen und zur Seite stellen.
Die Knochen anrösten, das Gemüse, die Zwiebeln samt Knoblauch mit dem Tomatenmark zugeben und mitrösten.
Mit Rotwein ablöschen und reduzieren lassen.
Das Fleisch und die Kartoffeln zugeben. Mit Wasser angießen, mit Salz und grünem Pfeffer würzen.
Aufs Feuer stellen und kochen lassen, bis das Fleisch weich ist.

Zutaten:

600 g Lammleber
2 Äpfel
2 Zwiebeln
Majoran
Butter
Salz und Pfeffer

Karpatenleber, klassisch

Zubereitung:

Die Muurikka anheizen.
Die äußere Haut der Leber entfernen (diese wird beim Braten nur hart und zäh) und die Leber in fingerdicke Scheiben schneiden.
Die Äpfel in 1 cm dicke Scheiben schneiden. Die Zwiebel schälen und in Achtel schneiden.
In der Muurikka Öl erhitzen und die Leber kurz und kräftig von beiden Seiten anbraten. Aus der Pfanne nehmen.
Die Apfelscheiben auf die Muurikka geben und goldbraun anbraten, etwas Zucker drüberstreuen. Die Zwiebeln separat auf der Muurikka anbraten und leicht Farbe nehmen lassen.
Den Majoran zupfen und zusammen mit der Butter zu den Zwiebeln und den Äpfeln geben und alles damit glasieren.
Die Leber nochmals kurz erhitzen und ebenfalls glasieren.
Auf einem Teller Leber, Apfel, Leber, Apfel fächerartig anrichten und darüber die Zwiebeln geben.

Zutaten:

1 Lammrücken
8 Stangen Zitronengras
Curry
Salz & Pfeffer

250 g Kirschtomaten
1 EL grüner Pfeffer
50 g brauner Zucker
3 Chili getrocknet
1 Vanillestange
1 Lorbeerblatt
1 Sternanis
50 g geschnittener Koriander

Lammrückenspieße an Zitronengras mit glasierten Vanille-Tomaten

Zubereitung:

Die Lammrücken in ca. 5x5cm große Würfel schneiden. Mit Salz, Pfeffer und Curry marinieren, etwas Öl zugeben.
Das Zitronengras in der Mitte schräg durchschneiden, damit das aufspießen leichter fällt. Die Würfel darauf spießen. Die Muurikka anheizen.
In einer Pfanne etwas Öl erhitzen, den Zucker darin schmelzen und die Tomaten zugeben. Glasieren lassen. Die Vanillestange aufschneiden und das Mark auskratzen, alles zu den Tomaten geben.
Die restlichen Zutaten bis auf den Koriander zugeben. Alles in der Pfanne lassen, bis die Tomaten aufplatzen.
Die Lammspieße rundherum kräftig anbraten und in die kalte Zone der Muurikka zum Ruhen legen.
Die Tomaten kontrollieren und zum Schluss den Koriander zugeben. Alles durchschwenken.
Auf einem Teller zwei Spieße anlegen und 3-4 Tomaten samt der Sauce zugeben.

Zutaten:

Für das Lammcurry
2 Lammkeulen, entbeint
4 Zwiebeln
1 Aubergine
12 Kirschtomaten
4 Kaffirblätter
2 Stangen Zitronengras
Salz und Pfeffer
Curry
500 ml Kokosmilch

Für den Reis
500 g Basmatireis
100 g Kokosflocken
50 ml Öl
1 Stange Zimt
2 Kaffirblätter
2 Stk. Sternanis
Salz

Für das Minzjoghurt
100 g Minze
400 g Joghurt
Salz und Pfeffer

Tipp:

Um die Sache zu entzerren, kann man parallel arbeiten und das Gemüse nebenbei in der Muurikka anbraten. Dann hat man die Kontrolle, dass nicht alles zu einer einheitlichen Masse zerkocht.

Lammcurry mit Basmatireis und Minzjoghurt

Zubereitung:

Die Lammkeulen in gleichmäßige Würfel schneiden.
Die Zwiebeln und die Aubergine in gleichgroße Stücke schneiden, das Zitronengras der Länge nach mit dem Messerrücken klopfen.
Den Dutch Oven vorheizen. Die Aubergine und die Zwiebeln anbraten und aus dem Dutch Oven nehmen. Etwas Öl angießen. Das Fleisch kräftig anbraten, mit Salz, Pfeffer und Curry würzen. Das Zitronengras und die Blätter zugeben. Alles mitrösten. Mit der Milch aufgießen und ein Liter Wasser angießen. Nochmals abschmecken, 4 kleine Chilischoten zugeben und abgedeckt aufs Feuer stellen.
In einem Topf das Öl für den Reis erhitzen. 1 Liter Wasser abmessen und salzen.
Die Kokosflocken im Öl anrösten. Den Reis ins Öl geben und anschwitzen.
Die Gewürze zugeben und mit anschwitzen. Das Wasser in einem Guss zugeben und abgedeckt aufs Feuer setzen. Zum Kochen bringen.
20 Minuten kochen ohne dass die Abdeckung entfernt wird. Danach direkt runterziehen.
Die Minze fein schneiden. Mit Joghurt und Salz in einer Schüssel glatt rühren.
Das Curry kontrollieren. Wenn das Fleisch weich ist, das Gemüse zugeben und die Kirschtomaten zufügen. Alles nochmal aufkochen.
Den Reis in eine Kelle drücken und das Curry zugeben, mit einem großen Esslöffel Minzjoghurt vollenden.

Zutaten:

1 Schweinekeule
3 Zwiebeln
3 Karotten
1 Selleriekopf
Wacholder
Anis
Rosmarin
Thymian
1 L Rotwein
4 Knoblauchzehen
1 EL Tomatenmark
4 Süßkartoffeln
Öl
Salz
Pfeffer
Curry
Chili

Schweinekeule mit Süßkartoffeln und Wurzelgemüse

Zubereitung:

Die Schweinekeule entbeinen, mit Salz und Pfeffer würzen. Die Karotten schälen und in Dreiecke schneiden, Zwiebeln achteln, den Sellerie schälen und in Würfel schneiden.
Die Keule im Dutch Oven anbraten, herausnehmen und das Gemüse anrösten. Tomatenmark zugeben und mit Rotwein ablöschen, reduzieren lassen. Diesen Vorgang 3-mal wiederholen.
Die Keule mit dem Knoblauch zugeben, mit Wasser auffüllen und die Gewürze zugeben. Nochmals mit Salz und Pfeffer abschmecken. Abdecken und im Erdgrill schmoren.
Die Süßkartoffeln der Länge nach halbieren. So einschneiden, dass ein Würfelmuster entsteht. Aus Öl, Salz, Pfeffer und Curry eine Marinade herstellen und die Kartoffeln auf der eingeschnittenen Seite damit einreiben. Mehrmals wiederholen, bis die Kartoffeln die Marinade komplett aufgesaugt haben.
Die Kartoffeln mit der eingeschnittenen Seite nach unten auf den Grill legen und auf kleiner Flamme garen. Zwischendrin wenden.
Das Fleisch nach ca. 60-70 Minuten kontrollieren und bei Bedarf nochmals weitergaren.
Die Keule mittig auf einen Teller geben, eine Süßkartoffel dazu und Wurzelgemüse samt Sauce nappieren.

Zutaten:

1 entbeinte Schweinekeule
100 g Erdnussbutter
1 EL Schokolade
100 g Erdnüsse
Etwas Chili
1 Zwiebel
2 Stangen Zitronengras
4 Kaffirblätter
1 EL Ingwer
500 ml Kokosmilch

300 g Basmatireis
600 ml Wasser
Salz

Schweinekeule in Erdnusssauce mit Schokolade und Basmatireis

Zubereitung:

Die Keule würfeln, die Zwiebel in Streifen schneiden.
Den Dutch Oven erhitzen und die Keule darin rundherum anbraten, Zwiebeln zugeben und mit Salz und Pfeffer würzen. Mit Schokoladenpulver bestäuben und kurz mitschwitzen lassen. Mit Kokosmilch aufgießen, und eine Stange Zitronengras, die Erdnüsse sowie die Kaffirblätter zugeben.
In einem Topf etwas Öl erhitzen, den Basmati darin anschwitzen und mit gesalzenem Wasser ablöschen. Aufkochen lassen und mit einem Deckel abgedeckt neben dem Feuer quellen lassen.
Das Fleisch weich kochen und zum Schluss die Erdnussbutter zugeben, nicht mehr kochen lassen.
Auf einem Teller den Reis und das Schwein über Kreuz anrichten.

Zutaten:

Für das Huhn
2 ganze Hühner
4 Zitronen
250 g Butter
1 EL Salz
1 EL Curry
1 TL Pfeffer grob
1 EL Brauner Zucker
100 ml brauner Rum
1 Bund Salbei

Für den Couscous
400 g Couscous
Etwas Safran
1 TL Curry
200 ml Wasser
Salz
1 Zitrone
Olivenöl
1 kleine Zwiebel
1 Paprika
1 Karotte
Geschnittene Petersilie

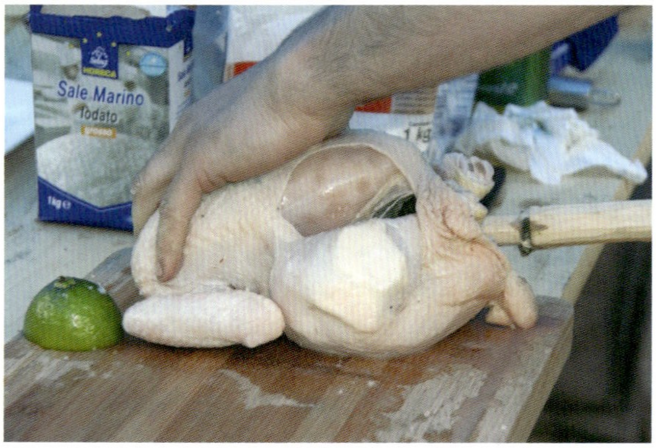

Zitronenhuhn von der Grillmühle mit lauwarmem Couscous

Zubereitung:

Ingo eine Grillmühle bauen lassen und den Bach umleiten.
Aus Salz, Pfeffer, Curry, Zucker, Rum, etwas Zitronensaft und Öl eine Marinade machen.
Die Hühner mit je 2 halben Zitronen, Salbei und Butter füllen, unter die Haut an der Brust und den Keulen einen kleinen Schnitt setzen und Butterstücke unter die Haut schieben. Kräftig mit der Marinade einreiben.
Aufspießen und am Feuer über der Mühle garen.
Wasser mit Safran, Curry und Salz zum Kochen bringen. Das Couscous in einem Zug zugeben, rühren und neben dem Feuer quellen lassen.
Die Karotte und Zwiebel schälen, die Paprika vom Kerngehäuse befreien und alles in Würfel schneiden. In einer heißen Pfanne kurz anschwitzen. In eine Schüssel geben. Das Couscous zugeben. Olivenöl und Zitronensaft zufügen. Etwas Abrieb von einer Zitrone dazu und mit der Petersilie mischen.
Die Hühner vom Spieß nehmen, tranchieren und mit dem Couscous essen.

Zutaten:

Für den Braten
2 Schweinerücken samt Bauchlappen
3 Zweige Rosmarin und Thymian
Grobes Meersalz
Kümmel
100 g Butter
Saft und Abrieb einer Zitrone

Brauner Zucker
Salz
Öl
Knoblauch

Für die Schmorkartoffeln
800 g mehlig kochende Kartoffeln
50 g Tomatenmark
2 Zwiebeln
1 Knoblauchzehe
3 Zweige Thymian
400 ml Brühe
100 g Butter
Salz und Pfeffer

Schweinerollbraten von der Grillmühle mit Schmorkartoffeln

Zubereitung:

Den Rücken auf ein Brett legen und mit Butter einreiben. Das Meersalz, den Kümmel, die Kräuter, den Abrieb und den Saft der Zitrone auf dem Fleisch verteilen.
Den Braten vom Rücken her einrollen und fest zusammenbinden.
Mindestens 6 Stunden marinieren.
Aus dem Zucker, Salz, Öl und Knoblauch eine Marinade mischen.
Auf den Grillmühlenspieß stecken und an indirektem Feuer goldbraun garen. Dabei immer wieder mit der Marinade bestreichen.
Die Kartoffeln schälen, mit Zwiebeln, Tomatenmark und Knoblauch in einem heißen Topf anschwitzen. Mit Brühe angießen, Thymian zugeben und würzen. Abgedeckt schmoren lassen bis die Kartoffeln weich sind. Zum Schluss mit Butter abglänzen.
Kann man stimmungsvoll auf einem Holzbrett anrichten.

nachspeise + süßes

Die Frage ist zu gut,
um sie mit einer Antwort zu verderben.
Robert Koch

...ist doch egal, wie die Frage lautete,
Schokolade ist immer die Antwort...
das wt-Team

Zutaten:

¼ Melone
300 g griechischer Joghurt
1 EL Agavendicksaft
100 ml Ahornsirup
100 g Walnüsse
100 g brauner Zucker

Gegrillte Melone auf Joghurt mit Ahornsirup und Karamellnuss

Zubereitung:

Die Melone in 3cm dicke Stücke schneiden. Die Muurikka vorheizen.
In einer Pfanne den Zucker mit einem Schuss Zitronensaft und etwas Ahornsirup schmelzen.
Die Nüsse darin karamellisieren.
Den Joghurt glattrühren und mit dem Agavendicksaft süßen.
Die Melone auf der heißen Muurikka grillen und leicht Farbe nehmen lassen.
Die gegrillte Melone auf einen Teller geben, mit Joghurt nappieren und die Karamellnüsse darüber geben. Zum Schluss mit einen guten Schuss Ahornsirup verfeinern.

Zutaten:

¼ Melone
300 g griechischer Joghurt
1 EL Chiasamen
3 EL Agavendicksaft
4 EL Weizenkleie

Tipp:

Nehmen Sie nicht zu viel Weizenkleie. Immer erst eine kleine Menge zum Joghurt zugeben und beobachten. Wenn man zu viel zufügt, kann schnell eine recht kompakte Pampe entstehen. Muss ja nicht sein!

Melone mit Chiasamen, griechischem Joghurt und Weizenkleie

Zubereitung:

Die Melone schälen und in Würfel schneiden. In etwas Zitronensaft und Minze marinieren.
Den Joghurt mit Agavendicksaft und Weizenkleie anrühren.
Den Jogurt auf einen Teller geben, die Melone aufsetzen und mit Chiasamen bestreuen.

Zutaten:

500 g Quark
200 g Semmelbrösel
Vanillemark
4 Eier
4 große Äpfel
Rum nach Belieben
200 g Zucker
100 g Rosinen
2 Zimtstangen
1 Sternanis
4 Pimentkörner
2 Lorbeerblätter

Topfennocken mit Apfelkompott - 2in1

Zubereitung:

Die Äpfel schälen, entkernen und in Scheiben schneiden. Mit Rosinen, Zimt, Lorbeer, Zucker, Sternanis, etwas Rum und Wasser in einen Topf geben.
Aufs offene Feuer stellen und abdecken.
Die Eier trennen und das Eiweiß steif schlagen.
Die Eigelbe mit Quark, Semmelbrösel, dem Mark einer Vanilleschote (die Schote selbst zu den Äpfeln geben) und dem Zucker mischen. Die Masse quellen lassen.
Nach ca. 20 Minuten den Eischnee unterheben.
Den Topf mit den Äpfeln vom Feuer nehmen, mit zwei Esslöffeln Nocken abstechen und zu den heißen Äpfeln geben. Im Kreis anordnen, abdecken und aufs Feuer stellen.
Für 20 Minuten abgedeckt köcheln lassen.
Lauwarm essen.

Zutaten:

Für den Teig
1000 g Weizenmehl
1 Würfel Hefe
400 ml warme Milch
200 g Zucker
2 Eier
200 g geschmolzene Butter

Für die Füllung
400 g Mohn
400 ml Milch
100 g Zucker
100 g Rosinen
1 Vanillestange

Mohnschnecken

Zubereitung:

Das Mehl in eine Schüssel geben und in die Mitte eine Mulde drücken, darin die Hefe bröckeln und mit ca. 100 ml Milch auflösen, etwas Zucker zugeben und mit etwas Mehl verrühren. Ungefähr 15 Minuten den Vorteig an einem warmen Ort gehen lassen. Unterdessen den Mohn mit der Milch, den Rosinen, dem Zucker und der Vanillestange aufkochen und quellen lassen. Den Teig nun mit den restlichen Zutaten mischen und durchkneten, wieder ca. 30 Minuten gehen lassen. Den Teig nochmals zusammenschlagen und nochmals 30 Minuten gehen lassen. Die Füllung kontrollieren und gegebenenfalls weiter kochen lassen. So lange bis die Flüssigkeit komplett aufgenommen würde. Den Dutch Oven mit Butter einfetten. Den Teig aus der Schüssel nehmen, auf einer bemehlten Fläche ca. 20 cm breit und 40 cm lang ausrollen. Die Füllung großzügig darauf verteilen. Den Teig von unten her einrollen und in zwei Finger breite Stücke schneiden. Im Kreis von außen nach innen mit den Stücken auslegen. Den Dutch Oven in kleines Feuer stellen und auf den Deckel 4 Kohlestücke legen. 30 Minuten geschlossen halten. Danach erstmals kontrollieren. Die Schnecken mit Butter bestreichen und mit Zucker bestreuen. Den Deckel wieder auf den Dutch Oven setzen.
Die Mohnschnecken sind fertig, wenn der Zucker leicht karamellisiert ist und der Teig eine goldbraune Farbe angenommen hat.

Zutaten:

600 g Erdbeeren
1/4 TL Xanthan
50 ml Orangensaft
2 EL Zucker
Limettenabrieb
Limettensaft
400 g Quark
200 g geschlagene Sahne
1 Vanillestange
150 g Zucker
1/2 TL Xanthan
3 Blatt Minze

Tipp:

Lässt sich um Mitternacht nur besch...eiden fotografieren, aber schmeckt umso besser. Zuerst die Seele einkuscheln, dann sich selbst in den Schlafsack. Oder gleich im Schlafsack genießen, der Teller gleitet aus der Hand, „Zähneputzen - Ach was?", man lässt sich sacken...

Erdbeersüppchen mit Quarkmousse

Zubereitung:

Die Erdbeeren waschen, vierteln, mit Zucker, Limetten- und Orangensaft und dem Abrieb marinieren. Mixen bis keine Stücke mehr drin sind. Das Xanthan zugeben und nochmals durchmixen. Stehen lassen, da das Xanthan ausquellen muss.
Die Sahne steif schlagen.
Den Quark mit dem Zucker, dem Xanthan und dem Mark einer Vanillestange verrühren. Kurz stehen lassen und die Sahne unterheben. Kühl stellen und eine Stunde warten.
In einen tiefen Teller das Erdbeersüppchen geben und mit einem Löffel Nocken vom Quarkmousse abstechen. Die Minze in Julienne schneiden und die Streifen über die Mousse geben.

Zutaten:

500 g Vollkornmehl
4 Eier
200 ml Milch
2 Pack Backpulver
200 g Zucker
Gemischte Beeren
Rum

Beerenpancakes

Zubereitung:

Die Beeren mit etwas Zucker und Rum über Nacht marinieren.
Das Mehl sieben, mit Backpulver sowie Zucker mischen, die Eier zugeben und mit Milch angießen. Alles zu einem klumpenfreien, dicken Teig verarbeiten. Ungefähr 20 Minuten ruhen lassen. Nochmals durchmischen und nach Bedarf noch etwas Mehl zugeben.
Eine kleine Pfanne aufstellen und darin Öl erhitzen, die Hitze etwas kontrollieren. Es darf nicht zu heiß werden, da die Pancakes sonst schnell verbrennen.
Eine Kelle Teig in die Pfanne geben, kurz stocken lassen und dann 1-2 EL Beeren mit wenig Saft in den Teig geben. Kurz warten, dann wenden, und nach ca. 1 Minute aus der Pfanne nehmen.
Etwas Puderzucker drüberstreuen und ein wenig der Beerenmarinade darüber laufen lassen.

Zutaten:

Für die Taler
300 g Quark
100 ml Milch
200 g Polenta (Maisgrieß)
Orangenabrieb
Saft einer Orange
Vanillemark
100 g Zucker
2 Eier

Für das Pflaumenkompott
100 g Trockenpflaumen
200 ml Orangensaft
50 ml Rum

Quark-Orangen-Grießtaler an Pflaumenkompott

Zubereitung:

Den Quark mit der Milch, dem Saft und dem Abrieb, dem Vanillemark und Zucker in eine Schüssel geben. Die Polenta bzw. den Maisgrieß zufügen und alles mischen.
Die Eier trennen und die Eigelbe unterrühren, das Eiklar steif schlagen und unterheben. Alles quellen lassen.
Die Pflaumen, mit dem Saft und dem Rum einkochen.
Eine Pfanne erhitzen und einzelne Taler ausbacken.
Zusammen mit den Pflaumen anrichten.

Zutaten:

200 g gefriergetrocknete Sauerkirschen
200 ml Wasser
100 g Zucker
½ TL Xanthan
200 g Schmand
½ geriebene Tonkabohne
100 g Zucker
Limettenabrieb

Tipp:

Die Tonkabohne stammt aus Anbaugebieten in Südamerika und Afrika. Sie wird häufig als Vanilleersatz in Desserts und für Kuchen verwendet. Der enthaltene Wirkstoff Cumarin (2-3%) gilt im Tierversuch bei Aufnahme größster Mengen als krebserregend. In Deutschland gilt laut Aromenverordnung ein Grenzwert von 5mg/kg bei Dessertspeisen. Cumarin ist auch im Waldmeister enthalten und die Altvorderen sprechen in den Überlieferungen von einer hypnotisch erotisierenden Wirkung.

Kirschgrütze mit Tonkabohnenschmand

Zubereitung:

Die Sauerkirschen mit dem Zucker und dem Xanthan in eine Schüssel geben. Wasser zufügen, durchrühren und quellen lassen.
Den Schmand mit der Tonkabohne, dem Limettenabrieb und dem Zucker verrühren.
Die Kirschen nochmals durchrühren und prüfen, ob die Konsistenz stimmt. Es darf nur noch wenig Flüssigkeit vorhanden sein.
Die Grütze in einer kleinen Schale anrichten und mit dem Tonkaschmand bedecken. Etwas Agavendicksaft zur Verzierung darauf geben.

Zutaten:

150 g Milchreis
750 ml Milch
100 g brauner Zucker
1 Zeste Orange
1 Vanillestange
1 Zimtstange
100 ml Sahne
Etwas Safran
12 getrocknete Aprikosen
100 ml Orangensaft
100 g Zucker

Milchreis mit Aprikosen

Zubereitung:

Die Milch mit dem Zucker, der Vanillestange, der Zimtstange und der Orangenzeste aufkochen. Den Reis einrühren und zum Kochen bringen. Abgedeckt an einer warmen Stelle 20 Minuten ziehen lassen.
Die Aprikosen mit dem Saft und dem Zucker aufkochen. Langsam kochen lassen, bis die Flüssigkeit komplett weg ist.
Den Milchreis kontrollieren und gegebenenfalls weiter ziehen lassen.
Die Sahne steif schlagen.
Den Milchreis vom Feuer nehmen und rühren bis er leicht abgekühlt ist. Die Sahne unterziehen und auf einem Teller in drei Nocken anrichten. Jeweils eine Aprikose aufsetzen und mit Himbeercrunch schmücken.

Zutaten:

Für den Grieß
200 g Polenta (Maisgrieß)
500 ml Kokosmilch
100 g brauner Zucker
1 Vanillestange
1 EL Chiasamen
1 EL Butter
1 EL Brombeeren, gefriergetrocknet

Für das Krokant
200 g gesalzene Erdnüsse
200 g brauner Zucker
50 g Ahornsirup

Tipp:

Ich habe gefriergetrocknete Früchte verwendet. Zum einen, um Gewicht zu sparen, zum anderen, weil hier ein echter Feldversuch gegeben war. Der Geschmack der Früchte nach dem Einweichen oder beim Naschen ist einfach sagenhaft.

Kokos-Grieß mit Chiasamen, Brombeercrunch und salzigem Nusskrokant

Zubereitung:

Die Erdnüsse anrösten und den Zucker zugeben, alles karamellisieren und den Ahornsirup zufügen. Auf ein Stück Backpapier geben und erkalten lassen.
Die Kokosmilch mit dem Zucker und der Vanille zum Kochen bringen. Die Polenta und die Chiasamen zugeben und einmal aufkochen lassen. Vom Feuer nehmen und warm stellen.
Die Brombeeren zerstoßen. Den Krokant zerbrechen.
Auf einem langen Teller drei Nocken Grieß setzen, den Krokant auf die Nocken streuen und den Crunch darüber bröseln.

Zutaten:

500 g Roggenmehl
4 Eier
200 ml Milch
200 g Zucker
4 Äpfel geschält
2 Pack Backpulver

Apfelpfannkuchen

Zubereitung:

Das Mehl mit dem Backpulver und dem Zucker mischen, die Eier zugeben und mit Milch angießen. Alles mit dem Schneebesen verrühren.
Die Äpfel in Spalten schneiden und in einer Pfanne mit Zucker karamellisieren.
Den Teig darüber geben und auf kleiner Flamme stocken lassen, bis der Teig goldbraun ist.
Wenden und fertig backen.
Mit Puderzucker anrichten und warm essen.

Zutaten:

Für den Teig
200 g Butterkekse
100 g Butter
1 EL Zucker
1 EL Kakao
Etwas Zimt

Für das Ragout
400 g Frischkäse
1 Pack Gelantinepulver
100 ml Sahne
100 g Zucker
6 Aprikosen
50 ml Orangensaft
1 Sternanis
100 g Zucker

Cheesecake mit Aprikosenragout

Zubereitung:

Die Butter schmelzen. Die Kekse zerbröseln, fast zu Staub mahlen und mit dem Zucker, Zimt und dem Kakao mischen. Die geschmolzene Butter zugeben und warm in eine Springform geben. Den Boden mit dem Teig auskleiden. Kalt stellen.
Den Frischkäse in eine Schüssel geben und mit dem Zucker glatt rühren.
Die Gelatine einweichen. Die Sahne steif schlagen.
Die Gelatine mit einem Löffel Sahne auflösen.
Die Schlagsahne unter den Frischkäse heben, und die Gelatine zufügen, glatt rühren und auf den Teig geben. Kalt stellen.
Die Aprikosen entkernen und in Würfel schneiden. Etwas Zucker in einem Topf schmelzen, Anis dazu und mit Orangensaft ablöschen. Die Aprikosen zugeben und weichkochen, bis Bindung entsteht.
Den Kuchen in Tortenstücke schneiden und mit Aprikose anrichten.

Zutaten:

1 Pack Löffelbiskuit
200 ml kalter Kaffee
4 cl Rum
Gefriergetrocknete Beeren
100 ml Wasser
100 g Zucker
Frische Beeren
100 g Zucker
300 g Mascarpone
100 ml Sahne
½ Teel Xanthan
Kakaopulver

Beeren-Tiramisu

Zubereitung:

Die gefriergetrockneten Beeren mit Zucker und Wasser ansetzen und quellen lassen.
Die Sahne steif schlagen.
Die Mascarpone in eine Schüssel geben, mit Zucker und Xanthan glattrühren, sofort die Sahne unterziehen. Alles kalt stellen.
Die frischen Beeren zu den eingelegten, gefriergetrockneten Beeren geben und unterziehen.
Sollte es zu flüssig sein, etwas Xanthan zugeben und quellen lassen.
Den Löffelbiskuit auf einen langen Teller geben, mit Rum und Kaffee tränken, eine Schicht Beeren darauf geben und eine Schicht Mascarpone, darauf nochmals Biskuit, Beeren, Mascarpone. Mit Kakao bestäuben und kalt stellen.

Zutaten:

200 g Butter
200 g Zucker
300 g Vollkornmehl
100 g gehackte Walnüsse
1 Pack Backpulver
4 Eier
125 ml Milch
1 TL Zimt
3 EL Schokoladenpulver
6 Aprikosen
100 g Mascarpone

Tipp:

Beim Backen des Kuchens muss man Fingerspitzengefühl haben. Schnell kann es passieren, dass am offenen Feuer eine Seite verkohlt. Deshalb lieber einmal zuviel gedreht und mit Geduld gearbeitet.

Walnusskuchen mit Aprikose und Mascarpone

Zubereitung:

Die Eier trennen, Eiklar steif schlagen. Die Walnüsse klein hacken. Mehl mit Backpulver mischen.
Butter, Zucker, Eigelbe schaumig rühren. Nach und nach das Mehl zugeben und mit der Milch, Zimt und dem Schokopulver mischen. Nun die Nüsse zugeben. Zu einem glatten Teig verarbeiten. Das Eiweiß unterziehen.
Die Aprikosen entsteinen und vierteln. Eine Backform ausfetten und den Teig einfüllen. Die Aprikosen auf den Teig setzen. Erst auf großer Flamme und unter Drehen der Backform stocken lassen. Dann abdecken und langsam bei kleiner Flamme zu Ende garen.
Den Kuchen warm aus der Form stürzen, von der Mascarpone Nocken abstechen und auf einem Teller anrichten. Mit ein paar Aprikosen akzentuieren.

Zutaten:

1 Glas Kirschen
1 EL getrocknete grüne Pfefferkörner
½ TL Xanthan
2 cl Rum
100 g Schokoladenpulver
4 Eier
1 Pack Pulvergelatine
200 g Zucker
500 ml Sahne

Schokomousse mit Pfefferkirschen

Zubereitung:

Eier trennen, Eiweiß und Sahne separat steif schlagen. Die Gelatine einweichen.
Eigelb, Zucker und Rum in einer großen Schüssel auf einem Wasserbad cremig schlagen, bis die Masse hell und cremig ist. Die Gelatine mit etwas Sahne auflösen, nicht kochen lassen. Das Schokoladenpulver unterheben, die warme Gelatine einrühren, anschließend sofort Eischnee und Sahne unterziehen.
Die Kirschen abtropfen und den Saft auffangen. Den Saft mit dem Pfeffer zum Kochen bringen und zur Hälfte reduzieren. Abkühlen lassen.
Die Kirschen mit dem Xanthan mischen und den Saft dazugeben. Quellen lassen.
Auf einem Teller anrichten.
Oder auf einem Stein ...

Zutaten:

5 reife Bananen
4 Eier
150 g Schokoladenpulver
100 g Pecannüsse
200 g Mehl
100 g Butter

Tipp:

Hier können Sie Bananen verwenden, die schon etwas länger gelegen haben. Der Kuchen wird dadurch schön saftig. Zusammen mit der Schokolade und den Nüssen ... reichhaltigst!

Schoko-Banane-Pecanuss-Brownie

Zubereitung:

Die Butter schmelzen, die Eier trennen, das Eiklar steif schlagen, die Pecannüsse hacken. Die Eigelbe mit den Bananen mischen, bis nichts mehr von der Banane zu erkennen ist. Zucker, Mehl und Schokolade zugeben. Alles gut mischen. Die Butter unterziehen und den Eischnee zugeben. Zum Schluss die Nüsse in die Masse geben.

Alles in eine beschichtete Pfanne geben und über kleiner Pfanne stocken lassen. Einmal wenden und in Stücke teilen.

Zutaten:

60 g Zucker
1 TL Salz
200 g Butter
6 cl kaltes Wasser
250 g Mehl

3 Äpfel
Eingeweichte Rosinen
100 g Paniermehl
Etwas Zimt und Zucker

Apfeltarte

Zubereitung:

Aus Mehl, Salz, Zucker, Butter, Wasser einen Teig kneten und ruhen lassen.
Die Äpfel schälen und in Spalten schneiden. Die Muurikka anheizen und auf der Feuerschale glühende Kohle verteilen.
Eine Form mit dem Teig auslegen, auf dem Boden das Paniermehl mit dem Zimt und Zucker verteilen. Darauf die Apfelspalten legen, die Rosinen verteilen.
Die Kohle auseinanderziehen und eine Fläche in der Größe der Backform frei machen. Die Form auf die Muurikka setzen und abdecken. Das Feuer unter der Muurikka kontrollieren und nicht zu groß werden lassen. Die Tarte ungefähr 30 Minuten backen und danach kontrollieren.

Zutaten:

60 g Zucker
1 TL Salz
200 g Butter
6 cl kaltes Wasser
250 g Mehl

4 Pfirsiche
3 EL Zucker
100 g Paniermehl
3 EL Brauner Rum
Mascarpone

Pfirsichtarte

Zubereitung:

Aus Mehl, Salz, Zucker, Butter, Wasser einen Teig kneten und ruhen lassen.
Die Pfirsiche entkernen und in Spalten schneiden. Die Muurikka anheizen und auf der Feuerschale glühende Kohle verteilen.
Eine Form mit dem Teig auslegen, auf dem Boden das Paniermehl und den Zucker verteilen.
Darauf die Pfirsichspalten legen und den Rum darauf verteilen.
Die Kohle auseinanderziehen und eine Fläche in der Größe der Backform frei machen. Die Form auf die Muurikka setzen und abdecken. Das Feuer unter der Muurikka kontrollieren und nicht zu groß werden lassen. Die Tarte ungefähr 30 Minuten backen und danach kontrollieren.
Mit Mascarpone auf einem Teller anrichten.

Zutaten:

1 kg Mehl
1 Würfel Hefe oder 2 Beutel Trockenhefe
200 ml Milch
200 g Zucker
100 g Butter
300 g Nugat oder Nuss-Nugat-Creme
(wir wissen was gemeint ist...)
750 ml Milch
200 g Zucker

Tipp:

Diese Speise kann man wunderbar vorbereiten und über Nacht am Feuer lassen. Im DutchOven speichert sich die Wärme und die Buchteln bleiben dank Butter und Milch saftig und locker.
Ist man sich des Anstands seiner Kameraden unsicher, nimmt man den Dutch mit ins Zelt und stellt ihn ans Kopfende, neben die Axt.

Buchteln mit Nuss-Nugat-Füllung

Zubereitung:

Aus dem Mehl, der Hefe, der Milch, der Butter und dem Zucker einen Teig herstellen. Ca. 30 Minuten gehen lassen und nach dem Gehen nochmals durchkneten, so dass ein glatter Teig entsteht. Nochmals gehen lassen.
Nach dem zweiten Mal, tennisballgroße Kugeln abstechen, platt drücken mit dem Nugat füllen und schließen.
Die Milch samt dem Zucker in den Dutch Oven geben und die Teigkugeln im Kreis einsetzen.
Mit dem Deckel verschließen und auf die Glut setzen.
Das Gericht kann man über Nacht am Feuer stehen lassen.
Bei Sonnenaufgang mit einem frischen Kaffee an der morgendlichen Luft genießen!

Zutaten:

4 Scheiben Toast
4 Eier
2 EL Zucker und Zimt
8 gefriergetrocknete Brombeeren
100 g Mascarpone
100 g Frischkäse
2 EL Agavendicksaft
Limettenabrieb

Tipp:

Was macht man aus altem Toast? Genau. Arme Ritter. Wie bei Großmuttern. Schmeckt hervorragend und war eine spontane Idee. Alles ist besser als wegwerfen.

Arme Ritter mit Brombeer-Frischkäse-Mascarpone Creme

Zubereitung:

Die Mascarpone mit dem Frischkäse mischen. Agavendicksaft und Limettenabrieb zugeben. Alles verrühren.

Die Eier mit Zimt und Zucker verquirlen. In einer Pfanne Butter zum Schmelzen bringen und den Toast durch die Eimischung ziehen. In der Pfanne goldgelb ausbacken.

Den Toast auf Küchenpapier legen, damit das überschüssige Fett aufgesaugt wird. Auf einen Teller etwas von der Creme anrichten, die Brombeeren zerdrücken und darüber verteilen. Den Toast anlegen und lauwarm essen.

Zutaten:

3 Pfirsiche
3 Aprikosen
Saft einer Limette
100 g brauner Zucker
400 g griechischer Joghurt
Etwas Agavendicksaft

Für den Crunch
300 g Haferflocken
100 g brauner Zucker

Tipp:

Wenn Sie die Aprikosen und die Pfirsiche anbraten, nehmen Sie ruhig mal Thymian, Rosmarin oder Chili. Alles in Maßen rundet es den Geschmack der Früchte interessant und schön ab.

Aprikosen und Pfirsiche mit Joghurt und Hafercrunch

Zubereitung:

Den Zucker für die Haferflocken in einer Pfanne etwas zergehen lassen, die Haferflocken zugeben und trocken Farbe nehmen lassen. In einer Schüssel auskühlen lassen.
Die Pfirsiche und Aprikosen entkernen, mit dem Limettensaft und dem Zucker marinieren.
Eine Pfanne vorheizen und die Früchte mit der Schnittfläche nach unten einlegen.
Den Joghurt mit dem Agavendicksaft glattrühren.
Die Früchte wenden und zur Seite stellen.
Den Joghurt auf einen Teller streichen und die Früchte darum verteilen, mit den Haferflocken bestreuen.

die tour

Der Mensch spielt nur, wo er in voller Bedeutung des Wortes Mensch ist, und er ist nur da ganz Mensch, wo er spielt.

Friedrich von Schiller

Tour-Tagebuch

23. Mai 2015 – 06. Juni 2015

Gunnar und Lauritz treffen in Engerda ein, laden die Filmausrüstung in den VW-Bus um und lassen die Drohne probefliegen. Dann geht's gleich weiter nach Erding, wo wir Sebastian aufgabeln und uns mit Christopher treffen, der uns ein Hotel besorgt hat und letzte Instruktionen gibt, wie die Reise in Hermannstadt beginnt. Nach einem Abendessen gehen alle schlafen, bis auf Stefan, der sich im nahegelegenen Kino die Spätvorstellung *Mad Max-Fury Road* reinzieht. Dieser Speedmovie muss schon sein, wenn man die nächsten Tage in Schrittgeschwindigkeit verbringt, denkt er sich.
Morgens dann Flug von München über Wien nach Hermannstadt. Mihai holt uns ab. Es folgt stundenlanges Einkaufen in der Metro und im Baumarkt. Abends logieren wir bei Barbara und Christoph Promberger, den Initiatoren von Fundatia Conservation Carpathia. Christoph hat die Pferdewagen und die Autotransfers organisiert und stellt uns seine Mitarbeiter Mihai und Daniel als Reisebegleitung zur Verfügung. Wir erfahren, dass ihm seine Arbeit für den entstehenden Nationalpark leider keine Zeit lässt, wenigstens auch nur ein paar Tage mit zu reiten, so wie das ursprünglich geplant war. Wir treffen uns Sonntag morgens mit den beiden rumänischen Kutschfahrern, beladen die Planwagen und ziehen sofort los. Die Sonne sticht unbarmherzig vom Himmel, 30°C im Schatten, mindestens. Doch das Land zieht uns sofort in seinen Bann. Nachtlager in einem Eichenwald, gutes Essen und Gewitterstimmung mit Donnergrollen außenrum.

Die Wagen ruckeln stundenlang durch lichte Eichenwälder, bis sich plötzlich der Blick auf ein atemberaubendes Tal eröffnet. Bei schönstem Kaiserwetter fahren wir über saftige Wiesen, vorbei an einzelstehenden Eichen, zwischen Kühen und Pferden hindurch, die da friedlich grasen. Die Kälber und Fohlen sind neugierig und lassen sich gerne filmen und fotografieren. In der Ferne sehen wir schon den rauchenden Meiler des Köhlers, den wir gleich besuchen werden. Hier wird noch auf traditionelle Weise Holzkohle hergestellt. Weiter führt die Fahrt durch ein ehemaliges Dorf der Siebenbürger Sachsen. Kirche und Rathaus sind verfallen, in einigen Häusern leben Rumänen, in anderen Roma. Einige renovierte Fassaden vermitteln ein schönes Bild, der Blick in den Hinterhof zeigt ein anderes. Trotzdem überall erste Spuren einer vielversprechenden Aufbruchstimmung. Abends erwischt uns der Gewitterregen doch, es wird merklich kühler.

Der Morgen ist dunstverhangen. Sebastian zaubert leckere Mohnschnecken im DutchOven; zusammen mit Eichenblattdeko und einer Blüte entsteht der stimmungsvolle Kapitelöffner auf Seite 106f. Bei schönem Wetter geht es weiter nach Cobor, und da wir es eilig haben, liefern wir uns auf der Schotterpiste ein Wettrennen und fressen Staub. Es ist fast wie beim Goldrausch, jeder will seinen *Claim* zuerst abstecken und treibt die Pferde an. Cobor ist eine wilde Mischung aus total verfallenen Hofstellen und einigen aufwändig renovierten Gebäuden. Wir beziehen Quartier in einem Gebäude des Cobor

Farm-Projektes. Drei Stunden vorher hatte Christoph angerufen und eine 7-köpfige internationale Nationalpark-Delegation angekündigt, die Hunger mitbringt. Sebastians Miene erstarrt kurz, aber schnell gewinnt der Profi Contenance und zaubert mit vorbildlicher Teamhilfe ein 4-Gang-Menü für 14 Personen vom Feinsten, was sich am Feuer zubereiten lässt. Gunnar meldet sich dabei aus Versehen freiwillig zur Darmspülung, d.h. er darf den Schafsdarm reinigen, den wir für das Kokorec brauchen. Für den Rest der Reise heißt er nun Enddarm-Gunnar, aber nur, wenn wir ihn frotzeln wollen.

Stefan grillt das Kokorec zum Frühstück, die anderen spielen sich derweil mit der Drohne. Es ist regnerisch, kalt und wolkenverhangen. Weiterfahrt durch Ticusu Veche. Ein typischer Siebenbürgenort. Fachkundig renovierte Häuser stehen neben Ruinen. Nur die Hauptstraße ist geteert, auf den Nebenstraßen spielen viele Kinder, dreckig, aber agil und aufgeweckt. Und es ist wie überall, in jeder Kuhle, in jedem Loch von Mutter Erde: Müll! Die Oberflächengewässer sind brackig. Mauern und Fassaden als letzte Zeugen einer einst lebendigen wie wohlhabenden deutschen Kultur. Die Ambivalenz aus Verfall und Moderne hat den Reiz des Morbiden. In manchen Gesichtern sieht man Vertrautes, in den meisten nicht. Sebastian zeigt uns eine Quarkpackung namens Smântână, und wundert sich, wieso sich Carlos, der Weltklassegitarrist, nun in Milchprodukten versucht. Aber wahrscheinlich muss man heute einfach breit aufgestellt sein.

Strammer Wind pfeift um die Ohren, es ist ungemütlich kalt. Die Pferde ziehen uns aus dem Wald heraus auf einen Hügelkamm, Wiesen leuchten in gesundem Grün, in der Ferne grüßen die Karpaten aus dem Wolkendunst. Einzelne Eichen stehen majestätisch und gewaltig zwischen Pferden und Rindern, überall Kräuter, wilder Thymian, Erdbeeren. Viele der Eichen zeigen Spuren mehrerer Blitzeinschläge, eine eigenartig friedliche erhebende Stille liegt über dem Land. Ein Gebiet, so groß wie ein deutscher Landkreis und kein einziger Zaun, der die freie Reise übers Land stört – kein einziger Zaun! Abends nieselt es wieder, aber die leckere Karpatenleber tröstet uns darüber hinweg. Außerdem sind noch Unmengen an Bierdosen da, die geöffnet werden wollen.

Heute liegt die längste Wegstrecke vor uns, wir werden etwas *Huf* geben müssen. Erstaunlich wie schnell die erste Woche vergangen ist, erstaunlich wie gut die Truppe harmoniert. Kein Streß, kein böses Wort, alles nimmt ruhig seinen professionellen Lauf. Wir durchqueren *Little India*, ein ausschließlich von Roma bewohntes Dorf, und erreichen abends einen malerischen Lagerplatz kurz vor Halmeag, mit Bergpanorama. Nicusor repariert einen Pferdehuf, Sebastian kocht ein letztes Menü in Transsylvanien.

In den ersten Strahlen der Sonne trennen sich die Wege, wir sagen Lebewohl zu Mihai, den beiden rumänischen Kutschern und den Pferden. Über eine abenteuerliche Brücke geht der Weg zurück nach Sinca Noua. Heute ist Orga-Tag. Gunnar und Lauritz betreiben Datensicherung und Technikcheck, laden die Batterien auf und waschen Wäsche. Sebastian, Daniel und Stefan fahren nach Hermannstadt zum Einkaufen. Daniel ist der Assistent von Christoph, hat mal 9 Monate in Göttingen ein Auslandssemester Forstwissenschaft absolviert und spricht sehr gut Deutsch. Stefan gönnt sich ein Kopfkis-

sen mit gestickten Herzchen und Hirschen. Sebastian kauft sich einen warmen Schlafsack und eine 140cm breite Luftmatratze, was wir anderen wortlos lächelnd kommentieren. Helmut und Ingo nehmen wir am Flughafen in Empfang. Stefans Backenzahn schmerzt, nachts wacht er auf und muss Schmerzmittel nehmen.

Sonntag, 07:00 Wecken, doch Stefan ist wegen der Zahnschmerzen schon früher wach. Helmut rupft ihm Spitz- und Breitwegerich, der zum Brei zerkaut zwischen Zahnfleisch und Backe positioniert wird und als natürliches Antibiotika sowie entzündungshemmend wirken soll. Der VW-Bus ist bis unter den Rand mit Rucksäcken und Ausrüstung vollgeladen und erinnert uns an die Korsikafahrt. Kurzstopp bei Lidl in Kronstadt für Frühstück to go, dann weiter zum Büro von Carpathia. Umladen in zwei geländegängige Jeeps mit Hänger. Phantastische Landschaft, sie erinnert ans Voralpenland. Alles wirkt reicher und wohlhabender als im ländlichen Siebenbürgen, trotzdem wohnen außerhalb der Stadt nur noch die Alten, die Jugend wandert nach Kronstadt oder Hermannstadt ab. Nach 5 Stunden Fahrt, teils im Schritttempo, über zerfurchte Waldwege, erreichen wir – physisch wie psychisch durchgerüttelt – das Basislager im Valea Vladului. Disziplinierter Lageraufbau bei spontan einsetzendem Hagel. Stefan nimmt jetzt doch Antibiotika und Ibuprofen 400mg, die ihm Daniel bei einer befreundeten Apothekerin rezeptfrei besorgt hatte. Sebastian stillt den größten Hunger mit Schnellabergutküche, Stefan geht früh ins Bett und streichelt seine aufquellende Backe.

Ein strahlend blauer Morgen mit einer heißen Sonne und dampfendem Tau. Helmut und Stefan gehen baden im Fluss. Das Spanferkel wird zerteilt, Helmut baut Erdofen und Donnerbalken, Ingo werkelt am Mühlrad für die *Chicken Mill*. Den Spanferkelkopf samt Rückgrat hängen wir am Nachmittag an einen Baum weit vom Lagerplatz entfernt und positionieren eine GoPro. Vielleicht kommt er ja, der Bär. Der Bär kommt nicht. Nur die Kamerabatterien sind leer. Der Schäfer kommt nochmal und schenkt uns Fleischspieße, aber seinen Hund von gestern sehen wir nicht. Das schürt die Gerüchteküche. Stefan will eigentlich mit Daniel ins Tal zum Zahnarzt, denn die Entzündung schreitet voran und die Schwellung der linken Backe lässt das linke Auge zugehen. Daniel fällt ein, dass heute Nationalfeiertag ist und ein Arzt nur schwer aufzutreiben sein wird. Die sechsstündige Fahrt reizt Stefan nur wenig, lieber schluckt er Schmerztabletten und Antibiotika und sondert seinen Thaiboxerspruch ab, wonach Schmerz ja nur ein Gefühl sei. Später am Tag sucht Stefan einen Freiwilligen, der ihm die beiden Eitertaschen am Zahnfleisch aufschneidet, aber jeder hat augenblicklich was gaaanz Wichtiges zu tun. Also macht er es selbst, spuckt Blut und Eiter, spült mit Wodka nach. Doch der Druck ist weg, die Schwellung geht zurück, und schon am nächsten Tag hupft er wieder vital durchs Gelände.

Das madenverseuchte Restschwein wird nun 200 Höhenmeter weiter unten im Tal erneut als Köder ausgelegt. Wieder mit der GoPro im Anschlag. Aber er kommt nicht, der Bär. Dafür ein junger Wolf – ganze gefühlte 3 Sekunden lang. Es gießt aus allen Kannen. Erst abends klart es auf, und wir nehmen das Wasserrad in Betrieb, machen Feuer, stecken zwei Hendl auf die Stange – es funktioniert! Wir speisen spät im Dunkeln, aber es ist das beste Grillhuhn, was wir jemals gegessen haben. Fulminant!

Bilderbuchbergwetter. Blauer Himmel mit strahlend weißen Schönwetterwolken hier und da. Da gibt's kein Zögern und kein Zaudern: aufi muas i! Wir steigen den Bachlauf entlang nach oben. Ingo meint: „Geht bloß langsam". Dann sehen wir seinen Rucksack nur noch von hinten. Weit oberhalb der Baumgrenze entdecken wir eine Badegumpe unter einem Schneefeld – und testen die mal an. Über traumhafte Krokusfelder wandern wir weiter, bis wir auf 2.300 m den Gipfel erreichen. Eine phantastische Rundumsicht auf schneebedeckte Karpatengipfel und die grünen Wälder Transsylvaniens ist der Lohn. Am Bergkamm finden sich noch Stellungsreste aus dem 1.WK, denn die Frontlinie zwischen Österreichern und Russen verlief teilweise hier oben. Nach einem Gipfelschläfchen steigen wir in der Dirittissima ab, vorbei an Unmengen Blauem Enzian und finden den Eselspfad, der uns durch die Latschenzone wieder direkt zum Zelt zurückführt. Unten kocht derweil ein Kollege von Daniel ein typisch rumänisches Schäferessen: kindskopfgroße Polentaknödel, mit Schafskäse gefüllt, und dazu gepökeltes Lammfleisch und fette Würste aus Lammhack. Im Anschluss bietet er selbstgebrannten Obstler an, über dessen blass-gelbliche Farbe wir diverse Spekulationen anstellen und derbe Witze machen, der aber brennendgut die Kehle runtermacht um unten angekommen, eine Gallenkolik zu verhindern. Bald zuckt nichts mehr, plötzlich ist das Lager leer und man hört nur noch entspanntes Schnarchen aus den Zelten.

Christoph kommt mit einer Gruppe hoch (Berufsjäger, Ranger, Architekt, Mihai), um den Platz für den Bau der Wildbeobachtungshütte zu besichtigen. Später gibt er Gunnar und Lauritz endlich das lang ersehnte Interview. Sebastian kocht noch 2 Gerichte und ist früh fertig. Es wird ein langer harmonischer Abend mit Bier, Tabak und Räuberpistolen am Lagerfeuer.

Der Morgen ist diesig und von tiefhängenden Wolken geprägt. So bleibt es den ganzen Tag. Ruhig und gelassen werden noch drei Rezepte gekocht und die letzten Filmszenen abgedreht. Gunnar bekommt zum Frühstück exklusiv seine Leibspeise, Senfeier mit Kartoffeln ... würg, kommt nicht ins Buch, keinesfalls. Auf der Rückfahrt treffen wir unweit des Lagerplatzes die Wanderhirten mit ihrer Schafsherde. Notdürftig unter einer aufgespannten Plane stehen die Milchkannen und ein Hirte schöpft gerade den Rahm ab. Auch der Schweineköder ist weg. Anscheinend kam er doch noch, der Bär!

die crew

Sebastian Michel

Ausbildung zum Koch im 3* Taunushotel Micador, dann zwei Jahre im 4* Superior Hofgut Georgenthal, danach auf der MS Europa/Hapag Lloyd rund um den Erdball, wieder an Land im renommierten Kurhaus Gastronomie/Käfer`S Bistro in Wiesbaden. *Wüster* Küchenchef auf dem West Grandstand/ Formel 1 in Abu Dhabi. Es folgten eine lange und eine kurze Elternzeit für zwei wunderbare Kinder. Seit 2013 selbstständig mit dem *geniesserhandwerk*.

geniesser handwerk

Lauritz Neu

Geb. 1993, Kameramann, Oberbeleuchter und Kameraassistent. Schon in seiner Jugend begeisterte Lauritz das Filme drehen. Mit 12 Jahren gründete er ein Jugendfilmteam und begann mit der Realisierung erster Filmprojekte. Einige Jahre später kam er dann als Grip-Praktikant ans Filmset in Los Angeles und danach als Kamera-Praktikant zum ZDF in Berlin. Dort studiert er zur Zeit Kamera für Film- und Fernsehen und bebildert neben dem Studium viele Filme, Musikvideos und andere Projekte als Kameramann, Oberbeleuchter oder Kameraassistent.

Gunnar Rossow

Geb. 1990, Kameramann. Nach dem Abitur zog es ihn als einen der letzten Zivildienstleistenden in einen Berliner Kinderladen. Anschließend entdeckte er durch Praktika seine Liebe zum Filmen. 2012 begann das Studium, 2015 folgte der Bachelor-Abschluss als Kinematograph. Seit dem Ende seines Studiums arbeitet er freiberuflich an verschiedenen Projekten.

Stefan Björn Falko Ulbrich

Geb. 1963, Verleger, Buchautor, Fotograf. Langjährige Erfahrung mit Schamanismus, Naturspiritualität, Extremsport (u.a. Wildwasser, Thai-/Kickboxen, KravMaga, Raftguide im Kanupark Markkleeberg) und männerinitiatischer Wildnisarbeit. Organisiert seit 2013 auch Outdoor-Genuss-Reisen (www.männerzeit.de, arun-verlag-wild things.blogspot.de).

Ingo Runge

Geb. 1966, Holzbildhauer, Messermacher, Handwerker, Künstler und T5-RennAss. Ein absoluter Outdoorfreak mit zwei goldenen Händen. Was alle anderen kaputtmachen, repariert er in Sekundenbruchteilen. Von ihm stammt das Tranchierbesteck auf den Seiten 82-83, welches er extra für diese Tour anfertigte (www.artgewerk.de).

Helmut Kuffner

48 Jahre, verheiratet, im technischen Vertrieb tätig. Feuerwehrmann, Angler und Hobby-Koch. War als Quester einer Visionssuche mit Stefan Ulbrich 2011 schon mal unterwegs und hat sich verliebt. Nicht in Stefan natürlich, sondern in die Bäume, Felsen, das glasklare Wasser und die atemberaubende Wildnis. Isst gut und gerne und viel und baut mit Begeisterung und Können sehenswerte Donnerbalken.

Alle sagten: „Es geht nicht." Da kam einer, der das nicht wusste, und tat es einfach.

Mihai Petrescu
Carpathia

Daniel Ungureanu
Carpathia

Dumitru Comici & Nicusor Pirtea
Kutschführer

Ein besonderer Dank geht an
Barbara und Christoph Promberger,
an Christopher und vor allem
an Marion.
Jeder hat auf seine Weise dafür gesorgt,
dass dem Projekt nie das Feuerholz ausging.

Danksagung an die Sponsoren

Die Crew bedankt sich herzlich bei den Sponsoren:

Gimex stellte uns zum dritten Mal Melamin-Camping-Geschirr zur Verfügung. Und wieder müssen wir sagen: es ist unserer Meinung nach das qualitativ beste Geschirr auf dem Markt, sowohl was das Design als auch die hochwertige Verarbeitung des Melamins betrifft.
www.gimex.de

Frau Simone Enzensberger von Parrot war spontan vom Projekt begeistert und hat uns eine Bebop-Drohne geliehen, mit der wir die Luftaufnahmen machen konnten.
www.parrot.com

Herr Lehmann-Horn fackelte nicht lange und lieh uns eine Blackmagic Pocket Cinema für die Filmaufnahmen. Diese Kamera ist klein, handlich, einfach zu bedienen und liefert hervorragendes Filmmaterial.
www.magicmultimedia.eu und www.digitalschnittmesse.de

Keine Planwagentour ohne DutchOven! Rüdiger Fath wollte sich nicht zweimal bitten lassen und gab uns einen von Petromax mit. Einmal gut eingebrannt, kann man gar nicht mehr aufhören, andauernd am Feuer leckere Gerichte schmurgeln zu müssen.
www.mehari-offroad.de

„Kein Topf ohne Feuer“, dachte sich Oliviero De Simone von Wildnissport und stellte den econofire Holzkocher zur Verfügung. Mit dem haben wir dann z.B. die Apfeltarte (S. 141) mit etwas mehr als zwei Handvoll Feuerholz zur Vollendung gebracht.
www.wildnissport.de

Dank auch an Herr Lucas Thiem, der unserer Geschichte auf der DVD eine Stimme gab.
www.digital-story.de

Seit 2010 versucht die Fundatia Conservation CARPATHIA (FCC) nun, die Naturzerstörung aufzuhalten und ein großes Naturreservat zu errichten. Langfristiges Ziel ist es, 100.000 ha Wald und alpine Flächen aufzukaufen und in einen Nationalpark von internationaler Bedeutung umzuwandeln (im Vergleich: der Nationalpark Bayrischer Wald, ältester Nationalpark Deutschlands, umfasst gerade einmal 24.300 ha). Zu diesem Zweck haben sich eine Reihe international operierender Stiftungen und Naturschutzorganisationen zusammen geschlossen, um die nötigen Finanzmittel für den Kauf der Flächen und deren Renaturierung sowie ihren langfristigen Schutz aufzutreiben.

Flächenkauf

Die wichtigste Maßnahme zur Verhinderung der Abholzung ist der direkte Aufkauf der Flächen. Mehr als 80% der Wälder in den Fagarascher Bergen wurden vom Staat an die früheren Besitzer zurück gegeben; Kommunalwälder und Landbesitzervereinigungen (die ähnlich funktionieren wie Aktiengesellschaft) erhielten meist große zusammenhängende Flächen zurück, während ein Großteil des Privatbesitzes aus kleinen Parzellen unter 50 ha besteht. Insbesondere diese sind von der Abholzung bedroht und FCC hat in mehreren großen Tälern die meisten dieser kleinen Besitztümer aufgekauft. Insgesamt hat das CARPATHIA Projekt bisher etwa 20.000 ha Wälder erworben und vollständig unter Schutz gestellt, darunter befinden sich Anteile an einer Landbesitzervereinigung.

Restaurierung von Kahlflächen

500 ha der gekauften Flächen wurden vor etwa 10 Jahren abgeholzt. Vor allem mit öffentlichen Geldern (Finanzierungen über das EU LIFE Programm und Finanzierungsinstrumente der norwegischen Regierung) wurden auf diesen Flächen die Erosionsrinnen der Traktorwege aufgefüllt und – ebenso wie der Rest der Kahlflächen – wiederbepflanzt. Dabei analysiert FCC sowohl historische Dokumente, um die ursprüngliche Baumartenzusammensetzung zu bestimmen, als auch die aktuelle Verjüngungssituation auf den entsprechenden Flächen. Aus diesen Daten wird dann ein Aufforstungsplan erstellt, der sicherstellen soll, dass letztendlich wieder eine Baumartenzusammensetzung hochwächst, die der natürlichen und ursprünglichen Zusammensetzung entspricht.

Zu diesem Zweck hat FCC auf vielen tausend Quadratmetern Pflanzgärten angelegt, auf denen nicht nur die gängigen Hauptbaumarten (Buche, Tanne, Fichte) angezogen, sondern auch seltenere Arten wie Ulme, Esche, Bergahorn, Erle oder Vogelbeere gesät und zur Auspflanzung großgezogen werden.

Schutz von Wildtieren

Um die Wildtierbestände zu schützen und den negativen Trend der vergangenen Jahre umzukehren, hat FCC einen eigenen Jagdverband gegründet, der aber nur dem Zweck dient, ein 15.000 ha großes Jagdgebiet zu pachten und dort die Wildtiere zu schützen. Seit 2011 ist das Jagen im Dimbovita Tal komplett eingestellt worden und die Wildbestände wachsen inzwischen wieder deutlich an. In den kommenden Jahren sollen weitere Jagdgebiete dazukommen, um eines der größten europäischen Wildschutzgebiete zu schaffen, in dem Wölfe, Bären, Luchse und all ihre Beutetiere ohne menschlichen Einfluss leben können.

Im Gegensatz zur Trophäenjagd entwickelt das CARPATHIA Projekt eine andere Form der Jagd – mit Kamera und Fernglas. Ab 2016 werden vier neue Beobachtungsstände mit Übernachtungsmög-

lichkeit Besuchern die Möglichkeit geben, die Großtier-Fauna der Karpaten in einer atemberaubenden Natur zu erleben.

Aufbau einer Grünen Ökonomie

Viele der Dörfer rund um die Fagarascher Berge sind von Armut gezeichnet. Ein Raubbau der Bergwälder würde zwar einigen Wenigen kurzfristig viel Geld verschaffen, der größte Teil der Lokalbevölkerung hätte allerdings nichts davon und langfristige ökonomische Perspektiven würden damit weitgehend zunichte gemacht.

Um für die Akzeptanz für einen neuen, großen Nationalpark zu werben und gleichzeitig die finanzielle Basis für eine langfristige Finanzierung des Schutzgebietes zu legen, analysiert und entwickelt CARPATHIA Businessmöglichkeiten. Diese sogenannten Naturschutz-Unternehmen müssen im Prinzip drei wesentliche Voraussetzungen erfüllen. Erstens muss die ökonomische Aktivität die Zielsetzungen des Schutzgebietes unterstützen und z.B. Druck auf die Natur durch aktuelle Aktivitäten reduzieren. Zweitens muss die Lokalbevölkerung von den Aktivitäten ökonomisch profitieren, es müssen also Arbeitsplätze und Erwerbsmöglichkeiten geschaffen werden. Und drittens muss auch das Schutzgebiet finanziell profitieren, insbesondere in ärmeren Ländern, die kaum Geld für die Verwaltung eines Schutzgebietes haben. Die Schutzgebietsverwaltung müsste also selbst Besitzer des Naturschutzunternehmens sein und somit dessen Profite einnehmen oder die finanzielle Beteiligung erfolgt z.B. durch eine Parkgebühr pro Übernachtung oder eine Umsatzbeteiligung. Im Gegenzug unterstützt das CARPATHIA Projekt die Unternehmen mit Exklusivitätsgarantien, Know-how und logistischen oder direkten finanziellen Hilfen.

Besuch von CARPATHIA

Obwohl der zukünftige CARPATHIA Nationalpark noch im Aufbau ist, wird ab 2016 eine Infrastruktur eingerichtet, um Besuchern ein grandioses Erlebnis zu ermöglichen. Die Website des CARPATHIA Projektes www.carpathia.org gibt Auskunft über die Besuchsmöglichkeiten.

CARPATHIA
European Wilderness Reserve

Cobor Farm

Seit den 90er Jahren haben die artenreichen, natürlichen Graslandschaften Europas einen speziellen Status (HNV = high nature value oder hoher Naturwert) inne mit dem Ziel, die hohe Diversität von Arten und Lebensräumen auf diesen landwirtschaftlichen Flächen zu erhalten. Während in anderen europäischen Ländern spezielle Maßnahmen ergriffen werden müssen, um Verlorenes mit oftmals hohen Kosten und zweifelhaftem Erfolg wiederherzustellen, ist die Welt auf einem Drittel der landwirtschaftlich genutzten Fläche Rumäniens noch einigermaßen in Ordnung. Der Grund hierfür liegt in der traditionellen Landwirtschaft, der extensiven Bewirtschaftung ohne Pestizide und künstliche Dünger und der mosaikartigen, klein strukturierten Landnutzungsform. Allerdings erhöht sich durch die Aufgabe von kleinbäuerlichen Betrieben einerseits und die Übernutzung mancher Graslandschaften durch einwandernde Schäfer andererseits zunehmend der Druck auf diese äußerst wertvollen Gebiete Transsilvaniens.

Etwas versteckt in der lieblichen Hügellandschaft Siebenbürgens, nördlich der Kleinstadt Fagaras, liegt die Ortschaft Cobor (zu Deutsch Kiwern). Einst von westrheinischen Kolonisten, den späteren „Siebenbürger Sachsen" gegründet, wurde das Dorf nach einem verheerenden Türkeneinfall verwüstet und später von ungarischen Siedlern wieder aufgebaut. Die Landschaft rund um Cobor gibt Zeugnis über die tausendjährige Wechselbeziehung zwischen Mensch und Natur, die letztendlich die Bewaldung Transsilvaniens von 85% auf rund 25% reduzierte. So ist eine faszinierende Kulturland-

schaft entstanden, die heute zu den schönsten und vielfältigsten in ganz Europa gehört. Neben zahlreichen seltenen Pflanzen und Schmetterlingen gehören hier Weiß- und Schwarzstorch, Wiedehopf, Raubwürger, Schreiadler oder Pirol zum Alltagsbild und selbst Bären und Wölfe finden sich in der gut strukturierten Landschaft zurecht.

Konzept

Auf unserer Kutschenwagenreise durch Transsilvanien besuchten wir auch die neue Biofarm der CARPATHIA Stiftung in Cobor. Auf knapp 500 ha entsteht dort ein Modellbetrieb, der als Beispiel dienen soll, wie durch eine durchdachte Bewirtschaftung die Artenvielfalt in dieser Kulturlandschaft dauerhaft geschützt werden kann, während gleichzeitig Arbeitsplätze und Erwerbsmöglichkeiten für die lokale Bevölkerung geschaffen, qualitativ hochwertige Produkte produziert und außerdem Profite erwirtschaftet werden können, die wiederum in die Naturschutzprojekte der Stiftung zurückfließen.

An der Basis dieses Konzepts steht eine Biodiversitätsstudie, die in Zusammenarbeit von Landschaftsökologen, Schmetterlingskundlern, Vogelkundlern und Botanikern, durchgeführt wurde. So konnte ein Landnutzungsplan ausgearbeitet werden, der sicherstellt, dass besonders artenreiche oder sensible Standorte nicht übernutzt werden und für jedes Gebiet die aus ökologischer Sicht optimale Form der Bewirtschaftung umgesetzt wird.

Fleischproduktion

Die Herstellung von hochwertigen Fleischprodukten ist ein wesentlicher Bestandteil der Bio-Farm in Cobor. Auf großen Weideflächen grasen ganzjährig Wasserbüffel, Rinder, Schweine, Schafe und Ge-

flügel – eine Tatsache, die sich auch in der Qualität und dem Geschmack des Fleisches widerspiegelt. Auch für unsere Outdoorküche sind wir in den Genuss eines Lammes gekommen.

ökotourismus

In den vergangenen Jahren hat FCC neben den Wiesen und Weiden auch einige bereits verfallene Häuser in Cobor gekauft und diese stilvoll und gemütlich renoviert. Für Familien und Gruppen, die diese besondere Kulturlandschaft und das Konzept der Farm erleben wollen, stehen 4 Häuser mit insgesamt 11 Zimmern zur Verfügung. Ein Seminarhaus, welches die Ruinen eines alten Hauses in sich integriert, bietet Möglichkeiten für Workshops und Firmenveranstaltungen.

Pferdepension

Als weiteres Standbein hat sich die Cobor Farm auf die Haltung und Betreuung von Weidepferden eingestellt. Die ausgedehnten Grasflächen mit pferdegerechten Unterständen bieten ganzjährig eine wunderbare Weide- und Bewegungsmöglichkeit für Jungpferde, Mutterstuten mit Fohlen oder pensionierte Reitpferde. Außerdem können in 10 großen Auslaufboxen Pferde aufgenommen werden, die verletzungsbedingt für einige Zeit nicht arbeiten können und besonderer Aufmerksamkeit bedürfen.

Equus Silvania

Sinca Noua ist ein kleines Dorf, malerisch zwischen den Karpatenwäldern und dem transsilvanischen Hügelland gelegen. Ein paar hundert Meter westlich des Dorfes liegt Equus Silvania, ein Geheimtipp für naturbegeisterte Urlauber. Equus Silvania wurde vor über 10 Jahren als reiner Reitbetrieb gegründet, hat sich aber inzwischen zu einem Ökotourismusbetrieb im weiteren Sinne entwickelt. Das aktuelle Portfolio des Betriebes umfasst neben den verschiedene Reitmöglichkeiten von Anfänger- bis hohem Trailrittniveau zu allen vier Jahreszeiten auch spezielle Naturwanderungen, Wildtierbeobachtung, Familienferien und maßgeschneiderten Abenteuertourismus. Insbesondere die unmittelbare Nähe zum CARPATHIA Projekt ermöglicht Erlebnisse und Informationen, die kein anderer Reiseveranstalter bieten kann. Aus diesem Grund haben wir Equus Silvania auch als Basis und Ausgangspunkt für unsere Reise verwendet.

Die Pension verfügt über 9 Mehrbettzimmer mit eigenem Bad, von denen einige auch als Familienzimmer geeignet sind. Vor allem im Sommer kann man angenehm auf der Veranda, in den verschiedenen Schaukelbänken oder am Abend unter dem Weidenpavillon am Lagerfeuer sitzen. Im Haus gibt es selbstverständlich drahtlosen Internet-Zugang.

Equus Silvania verbindet westlichen Standard und Pferdehaltung mit rumänischen Traditionen, Küche und Lebensstil. Dabei geht der Betrieb als gutes Beispiel voran und versucht, die vielzitierte nachhaltige Entwicklung modellhaft zu realisieren.

Lebensmittel

In der Küche werden überwiegend Lebensmittel aus regionaler Land- und artgerechter Viehwirtschaft ohne den Einsatz von chemischen Spritz- und Düngemitteln verwendet. Ein eigener Gemüsegarten liefert Zwiebeln, Salat, Gurken, Zucchini, Kürbisse, Tomaten, Paprika, Auberginen, Kartoffeln und verschiedene Kohlsorten; eine Kräuterschnecke und viele Topfpflanzen sorgen für eine reiche Auswahl an Gewürzen in der Küche; das gesamte Fleisch sowie die Wurstwaren und Eier stammen aus eigener Produktion und ausschließlich von freilaufenden Tieren – für die selbstgemachten Würste, Schinken und Speck ist Equus Silvania inzwischen bei vielen Kunden bekannt. Auch wir haben uns dort eingedeckt, das Spanferkel, welches wir ins CARPATHIA Projektgebiet mitgenommen haben, bekamen wir von dort und haben auch einige der hauseigenen Schinken mitgenommen.

Die Milch zur Herstellung von Butter, Joghurt, Frischkäse und Rahm stammt von den ebenfalls frei weidenden Kühen der Nachbarn. Auf Equus Silvania wird eigenes Brot gebacken, hausgemachte Säfte und Liköre von Beeren aus den umliegenden Wäldern sowie bio-zertifizierter rumänischer Wein serviert. Ein besonderes Erlebnis sind die Gourmetdinner aus eigenen Produkten.

Energie und Baumaterialien

Equus Silvania legte beim Bau sämtlicher Einrichtungen großen Wert auf umweltschonende Baumaterialien. Holz als nachwachsender Rohstoff ohne umweltbelastende Behandlung ist dabei immer das bevorzugte Material. Andere Standards wie Energiesparlampen, Solaranlage, Wärmeisolierung, Müllvermeidung und -recycling, oder Pufferspeicher für die Holz-Zentralheizung sind selbstverständlich. An Reinigungsmitteln werden ausschließlich 100% biologisch abbaubare, auf Pflanzenbasis hergestellte Mittel verwendet.

Bildung und Information

Naturschutz wird bei Equus Silvania nicht nur gelebt, sondern auch vermittelt. Besucher bekommen ausführliche Informationen über Flora, Fauna, nachhaltige Landnutzungsformen und die verschiedenen CARPATHIA Aktivitäten.

Naturschutzbeitrag

Durch die enge Verzahnung von Equus Silvania mit dem CARPATHIA Projekt und der Bio-Farm in Cobor werden die Gäste von Equus Silvania auch dazu angehalten, eine Spende für Fundatia Conservation CARPATHIA zu entrichten.

www.equus-silvania.com

Infobox Reisen

Wer auf den Spuren von Wild Things 3 Transsilvanien und die Karpaten besuchen will, sollte Equus Silvania als Basisstation wählen. Dort werden eine Reihe von Aktivitäten angeboten, die übers Reiten weit hinausgehen.

Reiten

Das Wanderreiten gehört nach wie vor zu den wichtigsten Angeboten auf Equus Silvania. Für Anfänger und Profis ist unter den 30 zur Verfügung stehenden Pferden gewiss das richtige dabei, egal ob man nach Spaß, Sicherheit und Herausforderung sucht. Equus Silvania veranstaltet als einwöchiges Programm mit drei Tagestouren und einer Zweitagestour Sternritte mit Übernachtung in Zelten, aber auch Trailritte von sechs Reittagen, die in einer 200 km langen Rundtour vom Fuße der Karpaten durch das Hügelland Siebenbürgens führt (einschließlich 2 Nächte auf der Cobor-Farm). Die Ritte führen durch Wiesen und Wälder, auf denen man oft auf Spuren von Bären oder Wölfen stößt. Vor allem die Trails sind anspruchsvolle Ritte mit vielen langen und schnellen Galoppaden. Zäune gibt es hier keine und der größte Teil der Ritte führt über grasbewachsene Wege und Pfade. Diese organisierten Ausflüge zu Pferde werden zwischen April und Oktober angeboten, aber im Januar und Februar gibt es auch Winter-Reitwochen. Neueinsteiger können auf Equus Silvania das ganze Jahr über in einer Woche die Grundlagen des Reitens erlernen und am Ende vielleicht schon kleinere Ausritten über Wiesen und durch Wälder unternehmen.

Wandern und Outdoor

Für Individualreisende oder Gruppen, die die ursprüngliche Natur in Rumänien erleben wollen, sind Sinca Noua und Equus Silvania in jeder Jahreszeit ein interessantes Ziel – die Hügel und Wiesen der Umgebung bestechen durch eine immense Artenvielfalt mit Tausenden von Blumen, Insekten, Vögeln und Säugetieren. Spuren von Bär, Rothirsch oder anderen Wildtieren sind geläufig und die Blumenwiesen im Frühjahr und Sommer sind auch für Nichtbotaniker

eine Besonderheit, die man nicht so schnell vergisst. Wiedehopf, Schreiadler, Wespenbussard, Pirol, Bienenfresser oder Weiß- und Schwarzstorch sind weit verbreitet und für Ornithologen gibt es noch viele weitere seltene Vögel zu sehen. Vom Hochstand aus kann man Bären beobachten und mit etwas Glück kommen dort auch einmal Wölfe vorbei. Insbesondere die Kombination der Biofarm in Cobor mit den artenreichen Wiesen, die Übergangszone von Wiesen zu den Wäldern in Sinca Noua und die wilden Karpatenwälder des zukünftigen CARPATHIA Nationalparks lassen sich von Equus Silvania aus perfekt kombinieren. Exkursionen aller Art, Wildbeobachtung oder Aufenthalte auf der Cobor-Farm werden von Equus Silvania organisiert.

Familienferien

Equus Silvania hat sich in den vergangenen Jahren zu einem beliebten Reiseziel für Familien entwickelt. Ponyreiten für die Kinder, ein großer Streichelzoo" mit Esel, Hunden, Katzen, Kaninchen sowie vielen weiteren Kleintieren, der Spielplatz und Bogenschießstand am Hof und endlose Möglichkeiten für Wanderungen in den schönen Tälern ringsum sorgen für kurzweilige Ferien. Bärenbeobachtungsmöglichkeiten, Gourmetabendessen mit Kinderbetreuung oder Tagesausflüge in die verzauberten Dörfer des siebenbürgischen Hügellands und die benachbarten Bergregionen machen jeden Familienurlaub zu einem Erlebnis für Groß und Klein.

Kultur und Erleben

Siebenbürgen hat eine lange und reichhaltige Geschichte und seine Einwohner sind so herzlich und gastfreundlich wie man es nur selten findet. Das schlechte Image, das Rumänien im Westen hat, finden Sie hier auf dem Lande nicht bestätigt. Die Begegnungen mit den Menschen hier sind authentisch, abseits der touristisch ausgetretenen Pfade und gewähren Einblick in die typische Lebensweise in den kleinen Dörfern am Fuße der Karpaten. Auf unserer Kutschwagentour durch das südliche Siebenbürgen haben wir diese Gastfreundschaft und Freundlichkeit immer wieder erleben können. Equus Silvania bietet seinen Gästen ein echtes Erleben von Land und Leuten, den oberflächlichen „Drakula-Tourismus" bekommen Sie hier nicht geboten.